# Ariosto
### y el *Orlando furioso*

## Benedetto Croce

www.archivosvola.es

rescatando el acervo

Benedetto Croce: *Ariosto*

Extraído de *Ariosto, Shakespeare e Corneille*

Bari, Laterza, 1920

Traducción de Francisco González Ríos

publicada en Ediciones Imán, Buenos Aires, 1946

ISBN: 978-84-129137-3-6

Depósito legal: M-298-2025

Impreso en España

# Índice

Benedetto Croce
(Pescasseroli, 1866 - Nápoles, 1952)
retratado hacia 1910

## I.
### UN PROBLEMA CRÍTICO

La fortuna del *Orlando furioso* puede compararse a la de una dama bella y sonriente, a quien todos miran con agrado y sin perplejidad, pues en tales casos basta para admirar tener ojos y dirigirlos hacia el objeto grato. Dicho poema es tan límpido, tan nítido m rada uno de sus detalles, de tan fácil aprehensión para quien posea cierta cultura, que su interpretación no ha ofrecido nunca mayores dificultades, y por esta misma causa, le ha sido posible prescindir de la ayuda de los comentaristas, lo que le ha permitido escapar a sus controversias y sutilezas, y le ha puesto en cierto modo al margen de la penosa situación de fluctuar según las disposiciones culturales de las distintas épocas, que, por lo general, siempre han gravitado sobre las obras poéticas más destacadas. Grandes hombres y lectores comunes han coincidido en lo fundamental de sus juicios respecto de dicho poema, como podrían haber coincidido, pongamos por caso, acerca de la belleza de una "madame Récamier", y en la larga serie de quienes vivieron prendados de su singular encanto figuran un Maquiavelo y un Galileo Galilei, un Voltaire y un Goethe.

No obstante, cuanto más uniforme, simple e impulsiva es la aprobación estética del poema ariostesco, tanto más contradictoria, compleja y reflexiva es la crítica que de él se ha venido ofreciendo. He aquí, en primer lugar, uno de los casos en que la diferencia de los dos momentos espirituales: el intuitivo o estético (que es la aprenhensión o gusto de la obra de arte) y el intelectivo (que es el juicio crítico e histórico) –diferencia señalada erróneamente por los sensualistas en un sentido y por los intelectualistas en otro– se pone de manifiesto en forma tan clara que parecería tratarse de algo pasible de división espacial y por lo tanto capaz de ser tocado con la mano. Cantar de nuevo las octavas de Ariosto, revivirlas acariciándolas con la imaginación y con la voz, como en un rapto de amor, es cosa más o menos fácil para cualquiera, pero decir en qué reside su particular encanto, determinar el carácter de su inspiración, señalar el motivo poético dominante o la intimidad de aquel sentimiento que en él se hace poesía, es asunto completamente distinto y no exento, por cierto, de serias dificultades.

La cuestión incitó a los críticos de la época en que la crítica y la historiografía literarias adquirirían mayor auge y difusión, vale decir, desde los orígenes de la estética romántica, cuando las obras de arte ya no eran investigadas en sus partes externas, desvinculadas del nexo interior, sino más bien a la luz del espíritu entrañable que las animaba. Pero no debe creerse, por esto, que en épocas anteriores se hubiera carecido totalmente de signos premonitorios de tal espíritu, porque ya se percibía, a este respecto, cierto murmullo en los interrogantes que se formulaba el barroquismo cuando preguntaba, por ejemplo, si el *Orlando furioso* podía ser considerado como poema épico y si debía ser calificado de burlesco. Así, en el siglo XIX, fue motivo de gran preocupación y lo trataron unas veces, o lo rozaron otras, Schiller, Goethe, Humboldt, Schelling, Hegel, Ranke, Gioberti, Quinet, De Sanctis, y muchísimas otras personalidades contemporáneas y aun de épocas posteriores, sin contar con que no hace mucho fue, una vez más y con renovado aliento, objeto de disertaciones, memorias y artículos, la mayoría de ellos en lengua italiana.

A lo largo de toda esta tarea crítica y como consecuencia de los nuevos conceptos que sobre el arte iban cobrando actualidad, fueron cayendo como despojos sin vida muchos de los problemas y de las fórmulas respecto de las cuales habíase disentido; y no sólo aquellos problemas ya mencionados, como por ejemplo, el de si debía ser considerado, o no, un poema épico, y si era, o no, burlesco, sino también la secuela de infinidad de otras cuestiones, como si tenía unidad de acción y cuál era ésta, si tenía héroe o protagonista, si los episodios estaban ligados a la acción, si se ceñían al decoro y a la historia, si contenía alegoría y cuál podía ser ésta, si obedecía a las leyes del pudor y de la moral, si respondía a buenos modelos, si se hacía acreedor, y en qué medida, al mérito de ser una invención, si era superior, o no, a la *Jerusalén libertada*, y en qué la superaría o en qué sería por ésta superado... y así muchas otras cuestiones. Todos estos han sido problemas superados y resueltos del único modo posible, o sea, esclareciendo las falacias implícitas en sus términos teóricos; y superados no quiere decir aquí que no hayan reaparecido en el siglo XIX, o que no reaparezcan en el presente por obra de quienes los planteen de nuevo y extraigan de ellos, desgraciadamente, las consecuencias naturales que puedan derivar. La unidad de acción del *Orlando furioso* ha sido objeto de diferentes investigaciones y sobre ella se han emitido los más diversos juicios (por ejemplo, los de Panizzi, y Carducci); la inmoralidad ha sido objeto de censura (por ejemplo, Cantú); el libro de las deudas contraídas por Ariosto con sus predecesores fue reabierto con un pasivo cargado de tantas cifras que el balance final de débitos y créditos arroja un enorme desnivel (Rajna); la comparación con otros modelos de su género –impuesta desde un principio con el nombre de historia evolutiva del romance caballeresco– llevaría a la conclusión, según algunos, de que el *Orlando furioso* no representa la cima sino más bien la desviación y decadencia del prototipo ideal (nuevamente Rajna), pero, para otros, llevaría a la conclusión de que con tal obra habríase logrado

dar forma perfecta a la épica francesa de los héroes germá-
nicos (Morf); la alegoría, reiterada en un juicio moral acerca de la vida italiana del Renacimiento, se vio perdida tras
el amor, suscitando la analogía con los caballeros cristianos
y sarracenos tras la figura de Angélica (Canello). Pero para
nosotros, que advertimos el origen de estas divergencias y
errores estéticos, estos problemas resultan superados tanto
en su forma primitiva cuanto en las más o menos moder-
nizadas, y del mismo modo deben tenerse por superados
otros problemas de más reciente cuño para cuya solución
se emprende, por ejemplo, el estudio del *Orlando furioso* en
su "formación", entendiendo por "formación" los presu-
puestos literarios de las diversas partes, a contar desde el
título; estudio que se adorna con el nombre de "científico"
y en cambio no es más que mera filología inconcluyente o
falsa.

La tarea desarrollada por la crítica moderna consiste no
sólo en haber despejado esas incógnitas tan capciosas y esas
pretensiones tan injustificadas, sino en haber dado cumplimiento también a una profunda y al mismo tiempo varia-
da investigación en torno a la poesía de Ariosto cuyos
aspectos fueron poco a poco totalmente esclarecidos, a la
vez que se ventilaban todas, o casi todas, las soluciones
posibles del problema referente al carácter específico de
dicha poesía. Y puede presumirse que todo aquel que quiera formarse un concepto adecuado y exacto de esta cues-

tión, después de haberse hecho experto conocedor de la literatura crítica correspondiente, no tiene más que decidir su elección entre las diversas soluciones existentes, inclinándose a favor de aquella que, además de estar respaldada por las razones más sólidas, se revele también superior a todas las demás por el hecho de incluirlas. En este sentido, proponer una solución totalmente nueva parece ciertamente imposible y su argumentación no podría ser sino de aquellas en que, como suele decirse, "no hay esperanza de hallar nada nuevo".

Esto es en cierto aspecto verdadero, pero sólo "en cierto aspecto", porque un examen, que no sea meramente superficial, de las diversas soluciones enumeradas lleva directamente a la conclusión de que ninguna de éstas rige del modo en que es presentada, o lo que es lo mismo, según las razones en que parece apoyarse. De suerte que convendrá volver a presentar de manera distinta y diferentemente razonada algunas de las soluciones ya dadas, aunque como es natural no se la invista del boato con que suele ofrecerse toda asombrosa novedad; pero por otra parte, si se piensa bien, siempre será una solución nueva, y ello en virtud de estar configurada y razonada en modo precisamente diverso, pues a este respecto siempre habrá de constituir novedad el simple hecho de dar un paso adelante sobre lo ya observado y adquirido, aunque; no se trate, como en este caso, de una novedad extravagante, de esas que suelen

satisfacer tanto a la falsa originalidad como a la estéril suti-
leza.

En efecto, las respuestas a la pregunta acerca del carácter
de la poesía ariostesca se agrupan en dos tipos fundamen-
tales, de los cuales el más importante es el primero, porque,
como se verá, es el más próximo a lo verdadero y porque se
respalda además en la suma autoridad de un De Sanctis, si
bien se lo entreveía, vagamente esbozado en un juicio de
Sulzer, durante el siglo XVIII, y más claramente en el este-
ta alemán Vischer, para ser repetido más tarde, hasta prevalecer y ser aceptado, entre otros, por Carducci. Según De
Sanctis, sus precursores y continuadores, Ariosto, en el
*Orlando furioso*, no tiene contenido subjetivo alguno que
expresar, no tiene motivo sentimental o pasional, ni idea
alguna que haya derivado en sentimiento o pasión, sino
que persigue el arte como única finalidad, canta por cantar,
representa por representar, elabora la forma pura, es decir,
satisface simplemente la necesidad de actuar que tienen sus
fantasmas.

Esta afirmación no debe ser entendida en sentido genéri-
co ni deben tomarse a pie de la letra estas palabras, porque
se podría entonces, con fácil razonamiento, argüir que no
sólo Ariosto sino que todo artista, en cuanto tal, nunca persigue otro fin que el del arte, canta siempre por cantar,
representa por representar, elabora la forma pura y satisface la necesidad de dar vida a su fantasma. ¡Ay del artista

que teniendo los ojos puestos en otros fines se proponga adoctrinar, persuadir, conmover, emocionar; en suma, obtener algún efecto, cualquiera sea éste, totalmente extraño al puro fin del arte! La teoría del arte por el arte, que muchos rechazan, no es, en este sentido, discutible sino más bien todo lo contrario, hasta diríamos obvia, los críticos que señalan tal fin como carácter de la poesía ariostesca entienden afirmar, en cambio, que el autor del *Orlando furioso* se condujo en modo propio y singular si se lo compara con otros poetas; y el pensamiento de tales críticos se ha ido determinando cada vez más particularmente en dos formas que, aunque diversas, aparecen sin embargo fundidas y unificadas en las páginas de De Sanctis. Ariosto habría dejado desfilar, dentro de sí y sólo para deleite de su imaginación, las novelescas figuras de caballeros y damas, las narraciones de audaces empresas de guerra y amor, y habríase representado aquel mundo humano tan variado sin interponer nunca nada entre él y las cosas, sin reflejarse en ellas, sin extraerlas de sí mismo, del propio sentir. Por consiguiente, habría seguido la observación y un método estrictamente objetivo. Ahora bien, en el primer caso, es decir, si la obra de Ariosto se hubiese elaborado verdaderamente a modo de simple deleite de la imaginación, el autor habríase deleitado en algo más bien agradable para sí mismo y acaso también para otros, pero no habría sido poeta y menos aun "el divino Ariosto", porque el deleite de la imaginación pertenece al orden de los actos prácticos que se denominan juego o entretenimiento. Pero, no sólo distinto del crear propio del poeta, sino también contradictorio –contradictorio en general a toda forma espiritual– es aquello que le fue atribuido en el segundo caso, al hacer el elogio de su perfecta objetividad, como si realmente existieran cosas fuera del espíritu y como si hubiera posibilidad de aprehenderlas en su supuesta objetividad y externidad para llevarlas al papel o a la tela. La teoría del arte por el arte, interpretada como teoría del mero deleite de la imaginación o como indiferente reproducción objetiva de las cosas, debe ser rechazada firmemente porque se opone y contradice a la naturaleza del arte y del espíritu en sentido universal. Estos dos paradigmas: el arte de la mera imaginación y el arte de la extrínseca objetividad, podrían servir para designar dos deficiencias, o si se quiere imperfecciones artísticas: el arte frívolo y el arte material, es decir, el no-arte en ambos casos. De esta manera, la teoría del arte por el arte descendería a definición de una o más formas de perversión artística.

Por la imposibilidad lógica de negar contenido a la obra de Ariosto, cualquiera sea éste, y al mismo tiempo deleitarse y celebrarlo como poeta –imposibilidad que fue advertida más o menos oscuramente, sin llegar a descubrirla y mostrarla como se ha hecho aquí– ha ocurrido que no sólo otros críticos, sino precisamente aquellos que, como De

Sanctis, llamábanle poeta de pura imaginación o de pura objetividad, se han visto obligados después a reconocerle un contenido, y hasta más de uno, explicitados a veces por separado y a veces en conjunto. Uno de estos contenidos y quizás el más comúnmente admitido es, sin lugar a dudas, el que se refiere al derrumbe del mundo caballeresco, operación llevada a cabo por Ariosto merced al hábil uso de la ironía; posición histórica, ésta, que le fue conferida por Hegel y que De Sanctis ilustró ampliamente.

¿Pero a qué se alude cuando se dice que Ariosto expresa la desintegración del mundo caballeresco? Por cierto que con esto no quiere significarse que de aquel poema puedan extraerse documentos relativos al ocaso de los ideales caballerescos, porque, por verdadero o falso que esto fuere, es indudable que no atiende a la forma artística concreta, sino a la materia abstracta considerada y tratada como fuente de documentación histórica. Ni siquiera podrá decirse que todo esto obedecía a un concepto polémico contrario a los ideales caballerescos y favorable a los nuevos ideales, porque la polémica y la crítica, la negación y la afirmación, no son arte. Habrá que decir, por consiguiente (sin olvidar que los defensores de aquella interpretación la entienden con frecuencia en uno y otro de los sentidos ya mencionados, que son, a todas luces, extraños al arte), que en Ariosto cobraba vida realmente singular y propia el sentimiento de los ideales y del mundo caballeresco, y que además dicho

14

sentimiento ofrecíale la motivación lírica para su poema. Motivo que ha sido disputado de diversa manera, determinándolo unos como aversión, y otros como una mezcla de aversión y de amor, cuando no como admiración y complacencia; pero antes de penetrar en tales disquisiciones ulteriores, debe verse si realmente subsistía tal motivo, es decir, si Ariosto informó de un solo afecto –sea cual fuere; o bien predominio de la aversión, o del amor, o de ambos alternadamente– a la materia caballeresca, convirtiéndola en grave y emotiva merced a la gravedad y emoción de aquel afecto. Pero esto no existió, pues lo que todos sienten y ven en el tratamiento ariostesco de la caballería es, en cambio, una suerte de separación respecto de las otras cosas, o si se quiere de superioridad, ya que el autor no muestra el más mínimo empeño en llevar a fondo la admiración, el desprecio, o el conflicto pasional entre una y otra, y esta impresión que dejan sus relatos de asedios y combates, de duelos y proezas, ha dado pretexto a las ya mencionadas teorías opuestas respecto de su hacer objetivo y de su culto de un simple entretenimiento de la imaginación. Si, como se asegura, Ariosto hubiese tendido a una exaltación, semi-exaltación, o befa de la caballería, francamente habría errado el blanco y este error no podría menos de llevarle después al fracaso total de su arte.

Lo que se ha observado a propósito del contenido caballeresco debe repetirse para todos los otros contenidos que, por separado o en conjunto, han sido reiteradamente propuestos como dominantes y más propios; pero como aquí no recogemos curiosidades de crítica ariostesca, sino que retomamos las líneas esenciales de esta crítica con la intención de poder incidir después de modo más seguro y profundo, resulta que, inmediatamente después de aprehender la idealidad o la anti-idealidad caballeresca, surge otro contenido digno también de especial mención y que no es otro que la filosofía de la vida, la sabiduría que Ariosto tendría la virtud de ofrecer y aconsejar. Sabiduría que abrazaría el amor, la amistad, la política, la religión, la vida privada y pública, y que estaría gobernada por una gran templanza y buen sentido, por una nobleza sin fanatismos, llena de coraje y de paciencia, así como de dignidad y modestia. Que estas cosas existan en el *Orlando furioso*, como existe en él la representación de lo caballeresco, concedido, pero que se nos conceda también entonces la veracidad de nuestras afirmaciones cuando decimos que son pocas las cosas tratadas de dicha manera, es decir, con aquel inequívoco acento de separación y distanciamiento que establece, sin más, grandes diferencias entre Ariosto y los verdaderos poetas de la sabiduría, como son por ejemplo un Manzoni y un Goethe. Este último, en los bellos versos (en *El Tasso*) en elogio de Ariosto –quien habría envuelto en el ropaje de la fábula cuanto puede ser honrado y querido por el hombre, y que a la experiencia, a la inteligencia, al gusto, al puro

16

sentimiento del bien, etcétera, habríalas representado como personajes casi vivos, coronados de rosas y alados de un mágico juego de Amorini– transfiguró en parte a su elogiado aproximándolo a sí mismo, aun cuando, como se ve por las imágenes a que recurre, no se le escapaba que aquella sabiduría moraba en el dulce vate del *Orlando furioso* como oculta bajo un manto de las más diversas flores.

Por consiguiente, las dos soluciones principales dadas hasta ahora con relación al problema crítico en Ariosto, las dos únicas que parecen aceptables: que el *Orlando furioso* no tenga contenido, o que tenga este o aquel contenido, encuentran, cada una de ellas, sus propias armas y su propia argumentación en los argumentos con que se defiende la otra, con lo cual se pone de manifiesto que se refutan recíprocamente; y como es imposible que la obra de Ariosto carezca de contenido y, por otra parte, todos aquellos contenidos supuestos hacia los cuales se ha dirigido la atención en el primer momento (mérito o demérito de la caballería, sabiduría de la vida) resultaron probadamente irreales, es natural entonces que no se haya tenido otra salida que la de buscar un nuevo contenido que, como tal, implique la realidad de lo que se ha simbolizado en las fórmulas impropias de la "mera imaginación", de la "indiferente objetividad" y del "puro fin del arte".

## II.

### LA VIDA DE LOS AFECTOS EN ARIOSTO
### Y EL CORAZÓN DE SU CORAZÓN

Ariosto tuvo una vida de afectos comunes, como surge no tanto por la caracterización que de él han hecho sus contemporáneos y por los documentos hallados más tarde, cuanto de sus mismas palabras, porque Ariosto gustaba, sino confesarse al menos desahogarse. Todos le sabían huérfano de pasiones intelectuales profundas, religiosas o políticas, sin ambición por la riqueza y los honores, sencillo y sobrio de costumbres, ansioso de paz, de tranquilidad y de libertad para seguir sus fantasías y entregarse a sus estudios predilectos; sabían además que muy raramente y sólo en breves ocasiones pudo vivir a su manera, porque la urgente necesidad de socorrer a sus hermanos menores, a sus hermanas y a su madre, atábale de brazos, y porque después, la otra, la necesidad de procurarse el pan le obligó a soportar las fatigas y pesares de la vida de las cortes. Amoroso en el cumplimiento de los deberes familiares, siempre probo y recto, de buenos sentimientos, justo, generoso, se vio compensado por la estima y la fe universales. Debió, por razones de servidumbre y trabajo, tratar con hombres inmoderados (*cupidi*), violentos o de muy pocos escrúpulos, pero de ese trato supo preservar sin embargo la pureza de su corazón, manteniendo siempre, y a veces hasta en oposición a sus amos, la dignidad del servidor honesto que sabe dar cumplimiento formal de las cosas que le han sido encomendadas y que, sin dejar de ser fiel, es recto, digno y no participa en modo alguno de las secretas intenciones ni de lo sustancial de los propósitos de quienes le mandan. Pudo así tributarles respeto, considerándolos sólo en la medida que lo merecían e idealizándolos conforme a sus méritos, a sus virtudes o a lo laudable de sus empresas, ya sea porque efectivamente tuvieran tales méritos y cumplieran tales cosas, ya sea porque esperasen poseerlas y cumplirlas para dar prueba de los atributos y de la responsabilidad de su rango social.

No obstante todas estas obligaciones, había una pasión que hacíale correr dentro del pecho un arroyuelo siempre cálido: el amor, o más bien, la necesidad de lo femenino, de tener junto a sí una mujer amable y gozar de su belleza, de su risa, de su conversación...; pasión a la que aludía con frecuencia, mas no sin reserva, como quien se avergüenza de la propia debilidad y sabe al mismo tiempo que no puede prescindir en modo alguno de la dulzura que sólo en la mujer puede encontrar y que es como un elemento vital para su ser. Pero este amor hacia la mujer, por intenso que fuese, encuadraba siempre en los contornos de su ideal idílico y de su espíritu reflexivo, templado, y nada tenía de fantástico, aventurero o donjuanesco. Así, después de frecuentes y rapsódicas llamaradas, después de algunos fracasados amoríos de la juventud, su pasión buscó apoyo en aquella "por la cual estremecióse de amoroso celo" (como dicen algunos versos de su amigo Ercole Bentivoglio), en aquella Alejandra que durante una veintena fue su amiga y finalmente su mujer más o menos legal. De esta suerte, el ansia de quietud se unía en él, de modo consciente, al deseo de no alejarse (o hacerlo lo menos posible) de aquella en quien hallaba sosiego y tibieza y a la cual se estrechaba como el niño se estrecha al seno materno. Sus últimos años fueron quizás los más felices, pues eximido de la dura permanencia en la Garfagnana se dispuso a rever su poema junto a la mujer amada, y en aquella anhelada paz de Ferrara se consumió antes de transponer los umbrales de la vejez.

Tales inclinaciones del ánimo, y la vida que a raíz de estas llevó, han sido admiradas y hasta envidiadas, como en el siglo XVI, por Harrington, traductor al inglés del *Orlando furioso*, quien después de haberlas descrito haciendo ciertas salvedades por algunos pecados, o más bien (como decía él), por el único "pecadillo" del amor, concluía suspirando: *Sic me contingat vivere, sicque mori*; y han sido juzgadas también desde lo alto y casi con lástima, como por ejemplo por De Sanctis y otros, que insistieron sobre los aspectos negativos del carácter de Ariosto. Sin embargo, estos aspectos negativos no entrañan otra cosa que la limitación natural de cada hombre, porque nadie lo puede todo, y lo cierto es que los críticos italianos, especialmente en tiempos del "Risorgimento", se equivocaron a menudo al establecer, como medida única y fija la de la excelencia civil, política, patriótica y religiosa, olvidando que el juicio acerca del carácter de un individuo no debe darse sino en relación a las disposiciones naturales del mismo, o sea, a su temperamento. Ariosto no tuvo una vida intensa o de excepcional riqueza como para ofrecer una problemática novedosa respecto de la historia social y moral de su época, y sólo la oficiosidad de los eruditos ha podido aumentar el acervo de los datos biográficos, todo lo cual ha llegado al extremo de propiciar un clima verdaderamente conjetural acerca de su condición económica, de su situación familiar, de sus servicios como cortesano, embajador y hasta gobernador del duque de Ferrara, así como de sus amores y de los nombres de las mujeres por él amadas, de la casa que hizo construir y habitó, acerca de muchos otros detalles, anécdotas y curiosidades (cuya recopilación es prueba de la religión, o de la superstición que puede rodear a un hombre, cosa que a veces no es más que testimonio de la ociosidad de los recopiladores), pero tal oficiosidad no ha agregado nada sustancial a cuanto el mismo poeta narra, ni ha proporcionado tampoco el material suficiente para una biografía realmente novedosa donde tuviesen cabida tanto lo profundo como lo dramático. No obstante, su vida, vida de hombre valeroso y humilde, de tenaz enamorado de la poesía y del amor, dio lugar, en las obras menores, a una expresión genuinamente literaria del autor: los versos latinos, las rimas italianas y las sátiras.

En consecuencia, dejaremos a un lado las comedias de Ariosto, que entre las obras menores parecen las mayores y que sin embargo son las menos significativas, y hasta podrían excluirse de la línea histórica de su desarrollo poético, vinculándolas más bien a la historia de sus ajetreos como cortesano, organizador de espectáculos y de recitales donde evidentemente procuró imitar la comedia latina (pues no creía que en este terreno fuese posible hacer otra cosa), del mismo modo como los latinos imitaron la comedia griega. Las comedias ariostescas registran, sin lugar a dudas, una fecha importante en la historia del teatro italiano y en particular do la predominante imitación latina, vale decir entonces que señalan una fecha importante en la historia de la cultura, pero no en la de la poesía, hasta cuyo ámbito no llegan sus voces. Estas obras de imitación y de combinación han sido indudablemente penosas y lo peor es que con ellas no se ha logrado, ni siquiera aproximadamente, la forma adecuada, a tal punto que Ariosto, después de una primera tentativa de realizarlas en prosa, las versificó en monótonos y fastidiosos endecasílabos esdrújulos que jamás han podido agradar al oído de nadie, simplemente porque no nacieron, sino que fueron construidos con evidente artificio y a expensas del cálculo, con el objeto de dar a Italia el metro de la comedia, análogo al yámbico romano. Quien (para hablar sólo de aquel tiempo y de aquel "género") recuerde *La Mandrágora*, de Maquiavelo, donde imperan la fuerza espiritual y el amargo desdén del gran pensador, o quien recuerde los ágiles y desaprensivos ensayos del disoluto Pietro Aretino, advertirá sin duda la diferencia que existe entre la destreza exenta de vida y el ímpetu realmente vital o lo que se muestra al menos con irreflexiva vivacidad. El muerto no resucita tampoco, como han creído algunos críticos fáciles de contentar, por el hecho de que el autor introdujese en aquellas comedias, particularmente en las últimas, ciertas alusiones a personas, lugares y costumbres de Ferrara, o por incisiones satíricas a propósito de los vicios de la época, porque todo ello es mero adminículo y cosa extrínseca cuando falta el aliento generador que proviene desde lo íntimo.

En las otras obras menores hay, en cambio, muchas partes espontáneas y sinceras: hasta las imitaciones de los versos latinos de Horacio, Catulo y Tíbulo no dan impresión de frigidez porque se los siente animados por la devoción humanista hacia los latinos, "mis latinos", como él afectuosamente los llamaba, y en ellos palpita a menudo el corazón del poeta, que llora al difunto amigo y compañero, evoca la persona femenina y gentil, describe las delicias campesinas o maldice a la hembra traidora y venal... Del mismo modo, las rimas italianas, en las dos canciones a Filiberta de Saboya,

23

muestran a veces bellos pasajes de intensa emoción, y entre petrarquesco y madrigalesco, por un lado, y cortesano, por el otro, Ariosto va abriendo camino a los sincerísimos acentos de su amor. Así..., en la canción del primer encuentro: recuerdos de la fiesta florentina donde vio por vez primera a la que habría de ser su amada y que de inmediato apareció ante sus ojos como superior a todas las demás, dejando grabada en su alma la imagen de una rubia y abundante cabellera que, al caer sobre los hombros, ofrecía a la belleza de aquel rostro un marco de inefables sombras y aumentaba el brillo de la rica vestimenta de seda recamada en rojo y oro. Así..., en la elegía, incontenible expresión de la alegría de haber alcanzado la felicidad ansiada; y así también en la otra, la del nocturnal y amoroso encuentro. Después, en el capítulo del viaje a Florencia, donde le rodean en vano las atracciones de la amable ciudad que no puede brindarle un solo instante de esparcimiento o sosiego, porque en él podía más el ansia de regresar junto a la mujer amada, que ya iba adquiriendo, en lontananza, los perfiles poéticos de una embrujadora belleza ("a otras aguas, montes y riberas la ola vaga –del rey de los ríos en blanca y pura estela–, cantando, detiene el sol de la bella maga -, cuya única visión curarme pueda"); y por último... en el soneto aquel de las palabras finales, "afectuosos reencuentros, pero juntos –licensiosas, pero elegidas palabras–, reprimidas impaciencias, pero risas, mimos y galanteos..."

Con frecuencia, todo esto no es más que evocación de los versos eróticos latinos, pero evocación renovada por la condición real de aquel espíritu que en la pasión de amor no iba más allá de un tierno sensualismo de exigua amplitud. En vano se buscarían entonces, pues en él no existen, el suave vuelo de la fantasía, las explicaciones cósmicas, las sutilezas morales y los elevados conceptos, que sin embargo pueden ser hallados en otros que también poetizaron el amor. De ahí que a las breves efusiones líricas de este erotismo sigan, y hasta acompañen del modo más natural, ciertas reflexiones sobre sí mismo y sobre la sociedad en cuyo seno le tocó vivir, así como algunas confidencias acerca de su íntimo sentir y las narraciones relativas a algunos de sus propios casos. Ariosto, cuando se atiene a las vicisitudes y a los pensamientos de su vida ordinaria, narra más bien que crea, y la culminación de sus obras menores debe verse en las llamadas *Sátiras*, que no son sólo las siete que llevan este título en las ediciones de sus obras, sino también otras composiciones similares, tanto en lo que atañe al contenido como a la entonación; composiciones que se leen entre las elegías y los capítulos y hasta entre los versos latinos, como aquel *De diversis amoribus*. En todas ellas Ariosto escribe fragmentariamente su autobiografía, o más bien una serie de cartas a sus amigos, cartas confidenciales que, al parecer, él no ha dirigido nunca, o no figuran al menos en aquella correspondencia que versa en forma seca y sumaria sobre diferentes asuntos que apenas dejan entrever algo de su espíritu. En las otras, en cambio, Ariosto da rienda suelta a su alma de artista logrando una extraordinaria vivacidad en las imágenes y una singular precisión en el decir. Epistolario versificado, sumamente gracioso en el que se lamenta unas veces y otras da muestras de impaciencia, habla de sus necesidades, formula propósitos, hace refutaciones y ruegos, presenta una descripción llena de fresca ingenuidad relativa al propio temperamento, a su indocilidad, volubilidad y capricho, reflexiona sobre la vida y el mundo, terminando por reírse de sus congéneres y de sí mismo. Dialogamos así con un Ariosto íntimo, que experimenta gran gusto y ninguna reticencia en mostrarse lo más naturalmente posible, ¡él, que tanto aborrecía las ataduras y los convencionalismos de toda especie! Pero estas cartas en verso, si bien perfectas, vivaces y elocuentes, como suelen ser los escritos en los que el hombre habla de sus cosas íntimas, son sin embargo cartas, confesiones, autobiografías y no poesía pura, y en ellas la forma métrica se debe, en buena parte y como ocurre casi siempre en tales situaciones del ánimo, a simple deleite y a mera complacencia. Con esto no se quiere disminuir en modo alguno su mérito, que es grande, sino impedir tan solo que se caiga en confusiones acerca de su verdadero carácter.

No puede causar asombro, por consiguiente, que entre estas obras menores, versos, rimas, sátiras, y el *Orlando furioso* parezca existir la misma relación que existe entre los valles y los montes. Basta releer alguna octava del poema para advertir de inmediato la distancia (en elevación) que lo separa de la más galana de las rimas de amor, así como de las partes más ágiles y pintorescas de las sátiras, donde los sentimientos del autor están expresados de modo mucho más directo que en el *Orlando furioso*. Por otra parte, es sabido que Ariosto no se ocupó nunca de la publicación de las obras memores y, salvo las comedias y las sátiras, la mayoría de ellas no fueron publicadas, y acaso el autor no quiso que se publicaran ni aun después de su muerte. Pero ya que las obras menores son la expresión más cabal de los afectos de su existencia real y mundana, si se quiere redescubrir la inspiración que dio vida al *Orlando furioso* se infiere, sin mayor esfuerzo, que el afecto que informó dicho poema dándole un contenido preciso debe buscarse más allá de la vida ordinaria, y no en el corazón de Ariosto –en el corazón que nos es conocido, de hijo y hermano, de pobre y enamorado–, sino en algo más profundo: en el corazón de su corazón.

Que en Ariosto haya existido realmente un segundo afecto y que él encerrase un corazón del corazón; que además de la mujer amada y como inasible ideal amase a otra mujer, o diosa, en cotidiano y religioso coloquio, constituye sin duda una motivación que hace transparente la modalidad de su vida, porque en la misma medida en que desdeñaba las ambiciones prácticas le resultaban penosas las costumbres cortesanas y la vida de los negocios. ¿Y para qué tantos renunciamientos y tanto suspirar por el necesario ocio y por la anhelada paz y libertad, sino para celebrar aquel culto, para abandonarse a aquellos coloquios, para trabajar en su *Orlando furioso*, que era el altar de aquel culto, o la estatua esculpida en su honor, que iba perfeccionando con el cincel? ¿A qué otra causa podría atribuirse la famosa "distracción" de aquella mente desinteresada de las cosas circundantes y movida en cambio por otras; "distracción" que sus contemporáneos advirtieron y de la cual se han conservado curiosísimas anécdotas? El ansia misma de amor y de ternura femeninas no configuraba en él un fin supremo, como suele ocurrir en la gente deseosa de comodidad y placer, sino que le parecía más bien un medio, diríamos, un ambiente de sereno gozo y de apaciguado tumulto que preparábase a sí mismo para el otro y más elevado amor. Carducci ha captado bien este clima psicológico en el soneto sobre el retrato de Ariosto, donde dice del gran soñador que su único ansiado y querido "premio a los cantos era una boca bella –que de la fébea frente calmaba el ardor– con los besos..."

Todos los desvelos y escrúpulos inmolados en aras de aquel culto quedan comprobados al recordar los doce años que, en la flor de su edad, empleó Ariosto en su *Orlando furioso*, tras "largas vigilias y fatigas" (como él mismo decía al pedirle al duque de Venecia el privilegio para la primera edición de 1516), para pulirlo y endulzarlo con innumerables y delicados detalles, para ampliarlo y dar cinco cantos que precisamente había creado para ese fin, pero que no encuadraban en la estructura general del poema y que no lograban satisfacerle en modo alguno, para sustituir casi otros tantos, sin olvidar también que después vigiló personalmente la edición de 1532, que tampoco le satisfizo del todo, al extremo de que se tomó la tarea de trabajar en ella hasta pocos meses antes de su muerte. Su hijo Virginio atestigua que "nunca hallaba satisfacción en sus versos, los cambiaba y volvía a cambiar, razón por la cual no retenía en la mente ninguno..." Sus contemporáneos no cesaban nunca de hacerse lenguas de las maravillas de su diligencia en cuanto a la corrección y al perfeccionamiento de sus obras, y Ciraldi Cintio, para no citar sino a uno, dice que después de la primera edición "no pasó de ella" y que durante dieciséis años "no hizo sino estar en torno a la misma, con la pluma y con el pensamiento", pues quería recoger sobre cada parte de su obra el parecer y las impresiones de los mejores literatos y humanistas de Italia: Bembo, Molza, Navagero; y lo mismo que hacía Apeles con sus pinturas lo hacía Ariosto con su obra, a la que tuvo durante dos años "en la sala de su casa y la dejaba allí para que fuese juzgada por cada uno de los visitantes", y se valía del recurso de exigir, a quienes la leían, le dejaran señalado con un simple rasgo los lugares que no les satisfacían, sin dar razones algunas de ello, a fin de poder encontrar por sí mismo tales motivos y discurrir después a tal efecto. Antes de resolverlos a su manera gustaba hacer finos análisis sobre el gusto de los lectores y hasta sobre el problema de la elección de los signos gráficos, rechazando, por ejemplo, la supresión de la h en las palabras que la tenían por tradición y discutiendo las propuestas de Tolomeo y las nuevas prácticas del vulgo iletrado, respondiendo festivamente que "quien suprime la *h* a *hombre* no se reconoce como tal, y quien se la suprime a *honor* no es digno de él".

¿Cuál era entonces el afecto que así ponía de manifiesto en la expresión; cuál la diosa a quien, no pudiendo erigir un pequeño templo y una estatua de mármol en la casa por él deseada y que se construyó en *via Mirasole*, ofrecíale en cambio la arquitectura, las figuras y los frisos poéticos del *Orlando furioso*? Él jamás pronuncia ese nombre, y ningún otro, entre los grandes poetas italianos, fue como él tan poco (o mejor aun, tan nulo) teórico y tan poco crítico. No se pronunció nunca sobre su arte ni sobre el arte en general, y designaba su tarea, con expresión bastante simple y pobre, "obra de cosas agradables y deleitables". Como hemos visto, tampoco los críticos han dicho a este respecto las palabras necesarias, pues a lo sumo han hablado en forma indirecta valiéndose de aquella fórmula vaga y tautológica que dice: "su Diosa era el Arte".

# III.

## EL SUPREMO AMOR: LA ARMONÍA

Pero nosotros la nombraremos y la llamaremos Armonía, y hasta hemos de mostrar que a ella tendían, como a través de un velo de nubes, aquellos que asignaban a Ariosto un único fin: el Arte o la pura Forma. Pero no podemos eximirnos de hacer a este respecto algunas aclaraciones teóricas, que acaso alguien caerá en el error de juzgar como digresiones y que en cambio sólo nos servirán para allanar el camino que lleve a una verdadera comprensión del espíritu que alienta en el *Orlando furioso*. Hay algo de cómico, o por lo menos de irónico, en esta aparente necesidad (en la cual se ha caído) de llenar con gravedad filosófica el discurso que gira en torno a poeta tan transparente; pero ya hemos advertido, en principio, que una cosa es leer o repetir y otra entender, y que aquello que se capta fácilmente puede ser a veces bastante difícil de comprender.

Por lo tanto, es a todas luces incongruente hablar de un artista que tenga al arte mismo como fin determinado y propio, o, en otros términos, que el arte sea el fin general de todo artista, lo que valdría tanto como decir de un individuo que él tiene como fin determinado de su actividad no este o aquel trabajo o profesión, sino el hacer en general. Así, con aquella errónea teoría se tendía a algo efectivo y existente: a un contenido que no se alcanzaba a definir y que no podía ser, en modo alguno, el arte por el arte. Y puesto que ante dos grupos diversos de obras de arte (a saber: las que parecían inspirarse en una forma particular de arte, y las que parecían inspirarse en la idea misma del Arte, del Arte en sentido universal) se ha recurrido igualmente a la misma sentencia, convendrá que nuestra rápida investigación incida primero en uno y luego en otro caso.

El primero comprende la poesía que se puede denominar "humanista" o "clasicista", no ya del humanismo y del clasicismo de los pedantes sin ingenio ni gusto, sino de aquel humanismo vivo que solíamos admirar y gozar en algunos de nuestros poetas del Renacimiento que se expresaban en lengua latina, como Sannazaro, Poliziano y Navagero, y también en algunos poetas posteriores que hacían uso de la lengua italiana, eximios literatos, cuyo más grande representante es, en sus mejores cosas, Monti y hasta se podría agregar Canova, aun cuando éste no se haya valido del verso para realizar su obra poemática. ¿Qué gusta en ellos, en sus imitaciones, en sus retoques, en sus mosaicos de frases y giros clásicos? ¿Qué les daba calor y entusiasmo para poder transmitirnos aquélla, su particular emoción? Se ha respondido: el atenerse a las bellas formas ya consagradas por la tradición de escuela; pero la respuesta no es satisfactoria, porque el mecánico atenerse y repetir alcanza igual-

33

mente a los pedantes, a quienes ya hemos aludido, que sólo nos han proporcionado en cambio tedio y fastidio. En verdad, se atienen a aquellas formas porque encuentran en ellas el símbolo apto, la expresión adecuada para sus sentimientos, que se reducen a un afecto entrañable por el pasado, por cierto pasado venerado, glorioso, decoroso, nacional o supranacional y cultural; y su contenido no lo constituyen las formas literarias por sí mismas, sino el amor por aquel pasado, el amor por una u otra época histórica del arte. Y si esto es verdad, se debe, atendiendo a lo sustancial y por extraño que parezca, agrupar en una misma clase de arte, con humanistas y clasicistas, a los románticos arcaizantes que se nutrieron de un sentimiento análogo e hicieron uso de un análogo procedimiento, no sólo respecto del pasado helénico y románico, sino también del pasado cristiano y medieval, y, particularmente en Alemania, hicieron oír de nuevo los rudos acentos de la épica de los tiempos medievales, representando las formas ingenuas de las leyendas pías y de la dramática sacra, al par que se hacían eco otra vez de los viejos cantos populares mediante retoques que, con frecuencia, no rindieron otro fruto que el de una mezcla sin unidad (como los humanistas y clasicistas de aquella otra "mescolanza" que es la pedantería), no obstante producir en algunos casos delicadas páginas de arte que a pesar de no ser profundas llegaban con agrado al corazón, al eterno corazón juvenil que hay en nosotros.

Ariosto, ya se ha dicho, fue en algunas de sus obras menores un humanista más o menos feliz, pero en el *Orlando furioso*, no obstante haber extraído muchos de los esquemas y de las particularidades de los poetas latinos, está, en lo esencial, un tanto al margen de aquella línea de inspiración, y si bien es cierto que lleva su espíritu al pasado, no es menos cierto que arrastra siempre el pasado hacia su espíritu, hacia el presente, sin que en ello haya huellas perceptibles del arcaísmo latino-augusto, o del medieval-caballeresco. Por eso, el juicio que afirma que en Ariosto el contenido está representado por el arte mismo, al igual que en el caso de algunos otros artistas, poetas, pintores, escultores y músicos, debe ser referido sin la menor vacilación a otro sentido: a un afecto por el arte en sentido universal, por el arte como Idea, afecto que se encarnaría en sus relatos, en sus figuras y en sus versos.

Ahora bien, si consideramos que el arte, en su idea, no es otra cosa que la expresión o representación de lo real, de lo real que es contraste y lucha, pero contraste y lucha que se integran perpetuamente; que es multiplicidad y diversidad, pero al mismo tiempo, unidad; que es dialéctica y desenvolvimiento, pero al mismo tiempo y merced a este movimiento, es también Cosmos y Armonía; y si consideramos a su vez que el arte no puede ser contenido del arte, o sea, que la representación no se puede representar (como el pensamiento no se puede pensar, y, convertido en objeto del pensamiento es siempre él mismo y lo otro, es decir, lo es todo), suprimiendo el término indebidamente conservado y vano se llega a la conclusión de que cuando se afirma de Ariosto, o de otro artista, que tiene como contenido de su arte al Arte puro o a la Forma pura, se quiere inconscientemente dar a entender que tiene por contenido el afecto por el puro ritmo del Universo, por la dialéctica que es unidad y por el desenvolvimiento que es Armonía. De donde, si de los artistas o humanistas, más o menos arcaizantes, puede decirse que no aman, como parece, las formas bellas sino el pasado y la historia, de estos otros en cambio puede decirse que no aman el arte puro sino el puro y universal contenido del arte, no esta o aquella particular lucha y armonía (erótica, política, moral, religiosa, etcétera), sino la lucha y la Armonía en idea y eterna.

El concepto de la armonía cósmica, que ha sido llamada también la Belleza pura, o Belleza absoluta y a veces Dios, ha tenido gran auge en la vieja filosofía y particularmente en la vieja Estética (vieja sin embargo en sentido lógico-histórico, pero aun tenaz, y en resurgimiento en nuestros días precisamente allí donde menos podía esperarse), donde ha hecho bastante ardua la elaboración de la nueva teoría que concibe el arte como intuición lírica o expresión. Por múltiples causas, que sería extenso y fuera de lugar enumerar aquí, la Armonía o la Belleza fueron consideradas como la verdadera esencia del arte, lo que ha traído como consecuencia tanto la imposibilidad de hallar razón de muchas obras de arte y del arte en general, cuanto las artificiosas construcciones de la doctrina y de la crítica ejercidas para subordinar los hechos a un principio parcial e impropio. Por lo dicho, nos es fácil encontrar el origen de tal error, el cual residía en el hecho de transferir a finalidad y esencia del arte uno de los sentimientos que el arte mismo puede elaborar, y para precisar mejor diremos que es aquel sentimiento que por la dignidad religiosa y filosófica de su objeto parecía más apto que cualquier otro para dar cabida en sí al arte, lo mismo que a cualquier otra cosa, resolviéndolas todas mediante una suerte de misticismo. Esto tiene su confirmación en el desarrollo histórico de aquella doctrina cuya primera y más elevada forma fue el neoplatonismo, que resurgió con mayor vigor en las épocas medieval y renacentista así como en tiempos del romanticismo. El mismo De Sanctis, a consecuencia de los orígenes románticos de su pensamiento, no pudo escapar a esto y su juicio sobre Ariosto conserva vestigios de la interpretación trascendente del arte, o dicho de otra manera, del arte como Belleza pura en acto.

Los mismos vestigios se observan en otra doctrina, a la que se atenía también De Sanctis, en la que se formulaba una distinción y contraposición entre poeta y artista. Doctrina que es menester aclarar, no sólo para dar solidez al concepto de que hemos echado mano, sino también porque entre los poetas a quienes les ha sido principalmente aplicada dicha distinción se encontraría precisamente Ariosto, distinto y contrapuesto a Poliziano, a Petrarca y a otros, considerados como artistas, así como distinto y contrapuesto también a Dante y a Shakespeare, considerados como poetas. Esta doctrina tiene un aparente punto de referencia o asidero en los hechos y por eso, además de plausible, a veces es aceptada fácilmente y hasta reiterada en la historia de las ideas estéticas. Y en los tiempos de Ariosto no eran del todo desconocidas cuestiones como la de si Giraldi Cintio, antes citado, ensombrecía más que iluminaba con la descripción, digamos por ejemplo, de una pintura alegórica, donde se veían "en un verde y florido prado sobre las colinas de Helicón aquellos dos grandes toscanos: Dante, con ropaje sólo hasta las rodillas, que "blandía la hoz en torno, cortando las hierbas que a su paso encontraba y Petrarca, "vestido con la toga senatoria, que iba eligiendo las nobles hierbas y las gentiles flores". Sin embargo, esta teoría es insostenible pues introduce un injustificado e injustificable dualismo imposible de superar, porque cada uno de los términos, distintos y conteniendo en sí al otro, y sólo al otro, muéstrase por lo mismo idéntico a aquél: el poeta es poeta porque es artista, es decir, porque da forma artística al sentimiento, y el artista no sería tal si no fuese poeta, es decir, si no tuviese un sentimiento que elaborar. La apariencia de una inadecuación respecto de los hechos proviene, en este caso, de que hay artistas que tienen como principal contenido un afecto predominante por la Armonía cósmica, y otros animan en cambio afectos totalmente distintos, lo cual prueba que, al igual que en todas las distinciones empíricas, conviene hacer uso moderado y prudente de la distinción entre poetas y artistas, o sea, entre quienes buscan la representación de lo bello y quienes buscan la representación de lo real. Algunas veces esta misma distinción ha sido llevada del seno de la poesía, o de otro arte particular, a la serie de las denominadas artes, y en virtud de esta distinción se ha discernido entre artes que tienen como objeto propio la Armonía cósmica, lo Bello absoluto, lo o ideal, el ritmo del Universo, y otras que tienen como objeto la vida y los sentimientos particulares, incluyendo entre las primeras (como en la escuela de Winckelmann) al arte escultórico y cierto género de pintura y dibujo, y entre las segundas la poesía. Otras veces (como el caso de Schelling y Schopenhauer), se ha hecho ocupar el ámbito de las primeras únicamente por la música, que representaría directamente al ritmo del Universo, o a la Voluntad noumenal, y en este sentido se contrapondría a las otras artes y alcanzaría a tener el valor de una Metafísica inconsciente. Doctrina extravagante que recordamos aquí tan sólo porque Ariosto, entre los poetas, es tal vez quien proporciona el argumento más eficaz contra la exclusión de la poesía del seno de las artes, que serían las únicas capaces de captar el ritmo del Universo o la Armonía: Ariosto, que a un filólogo italiano ha podido parecerle nada menos que "el poeta observador y razonador por excelencia", y que al sensible oído de Guillermo de Humboldt aparecía como el poeta "musical por antonomasia, y de quien Vischer decía que desarrollaba sus fábulas caballerescas "en un metódico laberinto de imágenes que proporcionan el mismo gozo que el mecerse y bambolearse sensualmente sereno de la canción italiana", transportando al lector "al puro estado placentero del movimiento sin materia".

Las distinciones empíricas cuando no son manejadas con cautela y con la conciencia de sus límites, no sólo restan vigor y rigor a los principios de la ciencia, sino que llevan consigo también la errónea consecuencia de hacer creer que es separable en concreto aquello que ha sido dividido solamente para comodidad del análisis. La doble clase de los poetas y de los artistas, movidos los unos por afectos particulares y los otros por el sentimiento de la Armonía universal, nos rige como dualidad lógica, porque aquel sentimiento de la armonía es, en sí mismo, uno de tantos afectos particulares y pertenece, en este sentido, a la serie que incluye poetas cómicos, trágicos, humorísticos, melancólicos, festivos, pesimistas, pasionales, realistas, idealistas, etcétera. Pero aun cuando haya aquí un evidente desnivel es menester, tanto para esta como para otras categorías similares, no dejarse llevar por la creencia de que realmente existan poetas solamente trágicos o cómicos, solamente realistas o idealistas, solamente cantores de la Armonía sin las otras pasiones, y pasionales sin la pasión por la Armonía. El afecto por las formas tradicionales, que hemos visto como fundamento del humanismo, vive también (en cierta medida) en todo poeta, porque éste emplea, reavivándolas y renovándolas, palabras de una determinada lengua que se ha formado históricamente y que lleva, por consiguiente, la carga de una tradición literaria y de una multitud de significados históricos. Y el amor por la Armonía habita en todo poeta digno de tal nombre, pues él no puede obtener otra representación de su drama de afectos que no sea como una suerte particular del drama y de la dramática o dialéctica Armonía cósmica, porque ésta reside y es contenida en aquél como lo universal en lo particular.

¿Echamos por tierra, entonces, nuestras propias distinciones inmediatamente después de haberlas establecido? No, no abatimos en modo alguno los principios que hemos sustentado acerca de qué sea el arte y la Armonía, o Belleza, en sentido supraestético y cósmico; pero la determinación de Ariosto como poeta de la Armonía es preciso establecerla y abatirla, porque de esta manera logra significarse que, no obstante emplearla, no se la conserva sin embargo en su abstracción; en otros términos, al designarlo así se ha podido lograr el primer motivo que realmente apremiaba, a saber: no dejarlo envuelto en la nebulosa calificación de poeta del arte por el arte, o en la otra, tan falaz, de poeta satírico e irónico, así como tampoco en aquella que lo califica de poeta de la prudencia, de la sabiduría, etcétera; y, secundariamente, se ha podido señalar también el aspecto donde recae el acento principal de todo su arte. Ahora bien, pasando a otras determinaciones que nos permitan mostrar en qué materia y forma, o tono, logró actualizarse, mantenerse y desarrollarse aquel acento, y aun cuando advertimos la necesidad de dar cumplimiento a esto en la mejor forma posible, la verdad es que ya no nos podrá apresar la fatua creencia –a la que no escapan algunos críticos contemporáneos– de haber proporcionado con nuestras fórmulas estéticas un equivalente de la poesía de Ariosto, cosa que por otra parte sería tan arrogante como inútil, porque la poesía de Ariosto está ahí, a la vista, y cada uno puede verla directamente. Con esto queremos decir que las nuevas determinaciones también deben ser establecidas y derribadas, conservando solamente los resultados análogos a los ya conseguidos, con lo cual echaremos por tierra otros falsos conceptos enunciados por los críticos, y señalaremos al mismo tiempo los caracteres más significativos de la materia que el poeta ha querido elegir para darle vida con su canto, así como la modalidad y el tono peculiar del mismo. La poesía del *Orlando furioso* (como toda poesía) es *individuum ineffabile*, y el Ariosto, determinado como poeta de la Armonía, no coincide nunca totalmente con el Ariosto poeta ariostesco, que siendo poeta de la Armonía no lo es solamente de ésta, en la medida en que resulta determinado por los otros en las formas ya enunciada, y hasta en otras sobreentendidas o inefables. No nos proponemos, en modo alguno, agotar o sustituir a este Ariosto concreto y vivo. Al contrario, tan presente en la fantasía de los lectores como en la nuestra, constituye el invariable punto de referencia para las elucidaciones críticas, que sin tal presupuesto resultarían absolutamente ininteligibles.

# IV.
## LA MATERIA POR LA ARMONÍA

Si Ariosto hubiera sido filósofo, o poeta filósofo, habría entonado un himno a la Armonía –como alguno de los que ya posee la historia de la literatura– con sólo cantar aquella elevada Idea que hacíale comprensible la discorde concordia de las cosas, dábale sosiego a su intelecto e infundíale paz y alegría en su ánimo. Pero Ariosto era lo opuesto del filósofo; si él pudiese leer todo lo que a lo largo de la investigación vamos descubriendo en su obra, no hay duda de que se asombraría primero, se sonreiría después y por último nos regalaría, a guisa de comentario, con una no menos indulgente burla.

Su amor por la Armonía no podía ser aprehendido mediante un concepto, no era amor por el concepto y por la intelección de dicha Armonía, es decir, por cosas que respondiesen a una necesidad que él no experimentaba, sino que era amor por la Armonía directa e ingenuamente vivida, por la Armonía sensible: una Armonía no surgida merced a deshumanización y abandono de todos los sentimientos particulares y por ascenso religioso al mundo de las ideas, sino que brotaba más bien como un sentimiento entre los sentimientos, como un sentimiento dominante que se anegaba en los demás operando la fusión. En este sentido, indudablemente, Ariosto pertenece a una de las más genuinas corrientes espirituales del Renacimiento, o mejor dicho, del primer "Cinquecento", en tiempos en que a Ghirlandaio, Botticelli, Verrocchio, Lippi, etcétera, sucedieron Leonardo, Rafael, Fray Bartolomeo, Andrea del Sarto, etcétera, con sus formas bellas, armónicas, decorosas, majestuosas; tiempos en que parecía (dice Wölfflin, un historiador del arte) "como si en Italia nuevos cuerpos hubiesen crecido de pronto": nueva y magnífica población cuyos fulgores relucían en pinturas y esculturas, efectos que reflejaban la nueva disposición de las almas, un desinterés y un interés completamente nuevo.

Si pasamos ahora a los sentimientos que animan el *Orlando furioso* y los consideramos separados del nexo que entre ellos establece el armónico sentimiento de la Armonía, procurando verlos en su particularidad, disgregación y materialidad, estaremos frente a la "materia" del *Orlando furioso*, porque no otro es el significado de "materia" en arte, distinguiéndose ésta idealmente del "contenido" en el cual los sentimientos se funden con aquel sentimiento dominante, motivo conductor o lírico como quiera llamársele; "contenido" que a su vez se distingue sólo idealmente de la "forma" en la cual se expresa, o sea, mediante la cual es poseído y se hace presente en el espíritu. La crítica filológica exenta de luz filosófica, es decir, la filología en sentido peyorativo o filologismo, entiende, en cambio, por "materia" o "fuentes", como también la llama, a las cosas externas que, en este sentido, serían los libros que el poeta haya podido leer, o las narraciones que haya podido escuchar; y con la pretensión de dar por esta vía *ab ovo* la génesis de la obra de arte, se eleva hasta las fuentes de las fuentes, digamos por ejemplo, hasta las mujeres guerreras, la orca v el hipogrifo ariostescos, y se conduce como si ante quien preguntase por el lenguaje que tal o cual poeta encontró en su tiempo, respondiésemos abriendo un diccionario etimológico de las lenguas romances, indoeuropeas o italianas, donde se exponen procesos ideológicos ya diluido s y que la conciencia del sujeto no puede menos de rechazar en el acto mismo del lenguaje. Pero aun cuando uno no se pierda en estas dudas y en tan farragosas elucubraciones, y aun cuando evite los errores (ya mencionados) de extraer de ellas juicios de valor, la búsqueda filológica de las "fuentes" y de la "materia" se ve envuelta en las redes del arbitrio y tropieza con lo imposible, simplemente porque propone como fuentes sólo algunos trozos literarios dispersos, los cuales, al tener que ser integrados luego con toda la restante literatura, con las artes figurativas y musicales, y hasta con las otras cosas externas que de hecho circundan al poeta como acontecimientos privados y públicos, enseñanzas y disputas científicas, creencias y costumbres, etcétera, exigirían una enumeración al infinito, todo lo cual sería índice seguro de que aquella investigación no habría sido bien encarada. Ni aun circunscribiéndola a términos más modestos, es decir, limitándola a alguna de las cosas más inmediatas al poeta, se adelanta en la conquista de la determinación de esta "materia" (aunque se reúnan documentos y noticias que pueden ser útiles para otros fines), porque la verdadera "materia del arte", como se ha dicho, no son las cosas sino los sentimientos del poeta, y éstos determinan y explican aquéllas, o sea, dicen cómo y por qué razón él se dirige a aquellas cosas y no a otras; mejor aún, dicen por qué se dirige más a unas que a otras.

Puesto que se ha delineado ya el carácter de Ariosto y se ha mostrado su reflejo en las obras menores, al investigar ahora la materia del *Orlando furioso* no se encontrará sino aquel mismo carácter, es decir, aquel mismo complejo de sentimientos que convendrá iluminar y particularizar de diferentes maneras, mirando no ya a la psicología del hombre o a sus obras menores, sino más precisa y concretamente al *Orlando furioso*. Se encontrará principalmente al Ariosto enamorado, perpetuamente enamorado, al Ariosto que ya conocemos, para quien el amor y la mujer constituyen una gran preocupación, un elevado placer al que no puede renunciar y un intenso tormento del que no sabe liberarse. Aquel amor es siempre sensual, amor por una bella forma corpórea, de ojos luminosos, tierna y acariciadora, virtuosa sin duda alguna, pero de una virtud relativa en cuanto sirve de antídoto a las estrechísimas relaciones amorosas; y por esto mismo, toda idealización ética o espe-

culativa, sea al novísimo estilo o al platónico, queda excluida ("no teológica dama el amor..." Carducci también vio
esto y lo expresó muy bien). Y excluida o extraña queda
también la consagración y purificación del amor en el
"matrimonio"; así, la elección y el tratamiento de la mujer
son para Ariosto tareas apenas distintas a la elección y
adiestramiento de un caballo, y el matrimonio, en el noble
significado ético, es, para él, a lo sumo, cosa del intelecto y
del ánimo. En el *Orlando furioso* está la consideración prudente o política, pero no la poesía del matrimonio, y entre
innumerables uniones del amor libre sólo el casto suspirar
de Bradamante tiende al "nudo yugal" con Ruggiero. Mas,
en su cálida sensualidad, el amor ariostesco es natural y
sano; no aparece falseado por imágenes de lujuria; consciente de los propios límites, no sufre las locuras de ansias
inextinguibles, sino tan sólo aquella que, en el lenguaje de
la época, solía denominarse la "crueldad" de la mujer, su
esquivez o frialdad, y más bien se tortura entregándose
imaginativamente a la inquietud de los celos. De todo esto
da vivo testimonio un biógrafo contemporáneo de Ariosto,
el ferrarés Garófalo, al decir que aquél, amando "con gran
vehemencia", era "celoso en grado sumo", y que "en sus
amoríos siempre hacía uso del secreteo y de la solicitud
acompañada de mucha modestia", pero que, en cuanto al
elemento material del poema, daba testimonio por sí
mismo de los múltiples personajes, figuraciones y situacio-

nes, todo ello implícito en aquel verso que expresa tanto padecimiento: "¡creedlo de quien tiene experiencia!" Crueldad y celos que se entrecruzan y que no lo arrastran a la tristeza o al desesperado maldecir, porque no teniendo del amor, que tan irresistiblemente le atraía, ni concepto demasiado elevado ni fanatismo rayano en la locura, tampoco puede pretender demasiado, y conociendo la infidelidad y fragilidad del hombre se ve impedido, por una suerte de justicia, de cargar las tintas sobre la infidelidad y fragilidad de la mujer; de donde, no el perdón sino la resignación y la indulgencia: "mi amada es mujer y toda mujer es delicada", dice sabiamente Rinaldo. Una indulgencia sin elevación moral, pero exenta de cinismo y movida por cierta bondad y humanidad. Existe el engaño y la ilusión recíproca en las cosas del amor, pero ¿cómo arrancarlos sin arrancar a un tiempo el encanto mismo de aquel agridulce juego? A fin de no matar la ilusión, la misma pasión del enamorado le hace invisible lo visible y visible lo invisible, le induce a creer en el motivo de su anhelo, a creer en la persona que lo deslumbra, como Brandimarte en su Fiordalis, errante por el mundo y que retorna a él incontaminada "en Fiordalis bella, de quien ya mayores cosas he creído". Así, tejiendo sus propias imágenes con estos diversos, opuestos y equilibrados sentimientos, la fantasía de Ariosto llenábase toda ella de bellezas admirables, seductoras, de miembros perfectos, de figuras y escenas voluptuosas (Alcina y sus artes, Angélica en brazos del libertador Ruggiero, Fiordispina...), y de otras que oscilan entre lo pasional y lo cómico (Giocondo y Fiammetta, el caballero que pone a prueba a la mujer demasiado amada, el juez Anselmo y su Argia...), del amor indigno y delictuoso (Origille, a quien Grifone trata de evitar el justo castigo no obstante las repetidas pruebas de su maldad y evidente traición; los hijos del rey Marganorre; Gabrina, acaso castigada debido a su horrenda y deshonesta vejez), y, sobre todo, de la mujer que simboliza la Dama, por la que pasan toda suerte de penurias y peligros los más arriesgados caballeros, por la que pierde el sentido un hombre fuerte y ya probado, y que, esclava ella misma de un amor irreprimible, termina por conceder su mano regia a un "pobre gañán" (Angélica, Orlando y Medoro). Éstas son solamente algunas de las numerosas partes que en el *Orlando furioso* se refieren al amor, en las diversas formas en que éste se presenta; constituyen además una introducción a los cantos y, como digresiones, permiten que Ariosto exprese su hondo sentir y ofrezca sus agudas reflexiones. La materia amorosa es tanta que quizás sobrepasa a toda otra en extensión e, indudablemente, en cuanto a relieve e intensidad, de suerte que asombran las múltiples tentativas por establecer, al margen de la materia, el verdadero fin del poema, o su verdadero argumento; así como mueve también a asombro el hecho de que, entre los diferentes intentos realizados para determinarlo en sus líneas principales y en su unidad, no se haya insistido en aquel que lo consideraba, o se inclinaba a considerarlo, "el poema del amor", o, mejor dicho, de la casuística del amor, donde la vida caballeresca y guerrera no serían otra cosa que simple fondo decorativo. Teoría, esta última, que sin duda habría parecido menos impropia que aquella otra que le asignaba como fin y unidad la guerra de Carlos y Agramante. Ésta, de todos modos, es recordada en segundo orden en la primera parte del *Orlando furioso*, donde las primeras palabras son –y no accidentalmente– "las damas", y donde el primer verso termina con "los amores" (en la primera redacción se decía directamente: "de damas y caballeros los antiguos amores"); y la escena con la que se inicia el poema es la fuga de Angélica, a quien encuentran poco después los enamorados Sacripante y Rinaldo, y aquella con la que se le da fin es la fiesta matrimonial de Ruggiero y Bradamante, perturbada al mismo tiempo que realzada en su solemnidad por el incidental duelo con Rodomonte.

En el *Orlando furioso* abunda la materia amorosa porque ella abunda en el corazón de Ariosto, excediendo fácilmente los sentimientos gentiles: la piedad que va más allá de las tumbas, la reivindicación de la inocencia calumniada y de la gratitud groseramente vulnerada, el fervoroso culto por el santo vínculo de la amistad... Así, la bella Doralice, crudamente sensual, y que caliente aún el cuerpo exánime del amante, espera con ansiedad al matador, el valiente Ruggiero, contrasta con Isabel, que se procura deliberada muerte para observar fidelidad a su desaparecido amante, y con Fiordalis, cuyo rostro gracioso (en el que se notan aún resabios de las truhanerías atribuidas por Boiardo), da muestras de angustia por el presentimiento de la pérdida de Brandimarte y se hace sublime en el dolor. Y frente a Ginevra, inducida y arrastrada a inminente ruina por un malvado, pero salvada por el justiciero Rinaldo, está Olimpia, a quien Orlando salva dos veces, y en la segunda no sólo de la muerte sino también de la desesperación a raíz del abandono de su ingrato esposo... Modelo de gentiles entre aquellos caballeros es Zerbino, hermano de Ginevra y amante de Isabel, aquel que experimenta inesperado afecto y piedad por Medoro, a quien, despreocupado de las cosas de la vida, sólo le aflige la ansiedad de dar sepultura al cuerpo de su señor; aquel ante quien traen encadenado a un antiguo amigo suyo y tórnase en traidor por no saber inflingirle merecida muerte, pues le detiene el recuerdo de la fiel y antigua amistad; aquel que, en devoción a la grandeza de Orlando y a cuanto éste había hecho por defender a Isabel, recoge en palacio las armas dispersas en medio de la alocada multitud y libra combate contra Mandricardo, muriendo más bien por el dolor de no haberlas sabido defender que a causa de las heridas. Cloridano y Medoro, Orlando y Brandimarte, son otros símbolos de la amistad más allá de la muerte, y quien buscase en el poema palabras de conmiseración y voces de indignación ante la virtud oprimida, ante los míseros pueblos tiranizados, despojados, maltrechos y abandonados a la muerte como si fueran rebaños, recogería otros signos de la bondad y de la generosidad que ardían en el clemente Ariosto.

Bondad y generosidad constituían también la sustancia de su sentimiento político que, como el hombre honesto de todos los tiempos, llora ante las desventuras de la patria, aborrece la dominación del extranjero, juzga severamente la opresión que ejercen los señores, se escandaliza por la corrupción e hipocresía de los padres y de la Iglesia, lamenta que las armas de Europa no se vuelvan, unidas, contra el Turco, es decir, contra la infecta barbarie. Pero Ariosto no va más allá de esta impresión superficial y termina por aceptar los designios de su tiempo, respetando a los poderosos que, finalmente, consiguen prevalecer. Por eso no puede haber mayor interés en poner de relieve la diversidad de las ideas políticas de Ariosto (pueden advertirse en el mismo *Orlando furioso*), hostiles primero a los españoles, como se ve por muchos indicios y por ciertos calificativos dados a Ferraú, que era español, y finalmente de repudio a los franceses que habían perdido en Italia, mientras exaltaba el imperio hispánico de Carlos V y se inclinaba a favor de quienes sostenían dicha causa en Italia: Andrea Doria y los Ávalos, por ejemplo. Por otra parte, es injusto reprocharle (como se ha hecho) el no haberse constituido en campeón de la italianidad y de la rebelión ante tiranos y extranjeros, como lo fueron otros en su tiempo, o no haber sido un meditador político, apasionado y profético como Maquiavelo. Basta su famosa invectiva contra las armas de fuego para advertir la calidad de la política ariostesca: ésta era para él la moral, la moral privada, una moral poco combativa, muy lírica y nada vulgar; más bien desdeñosa del mundo, por afortunado y de elevada condición que fuere. Por consiguiente, no era apta para generar, como el amor y la humana piedad, figuras y escenas del poema y sólo podía canalizar, aquí y allá, en el lecho de las octavas reflexivas, exclamativas y oratorias.

Sus sentimientos respecto de los soberanos, la casa de Este, tal como se ha dicho más de una vez, no tenían (ni lo tiene el *Orlando furioso*) nada de específicamente político, no obstante admirarles quizás por el esplendor que las letras y las artes habían alcanzado bajo su gobierno y el de sus predecesores, y acaso también por la energía que caracterizaba al régimen de los otenses. Él los elogiaba con invenciones y palabras que, introducidas profusamente tanto en el poema como en la obra general, han sido juzgadas muchas veces como bajas adulaciones, o como sutiles ironías y sarcasmos; y no eran ni lo uno ni lo otro, sino más bien serias alabanzas de gloriosas empresas militares y de actos magnánimos (que no importa fueran o no realmente tales, o que así pudieran parecer). Por otra parte, especialmente en todo cuanto concernía al cardenal Hipólito, sus sentimientos parecíanse a los madrigales que suelen dirigirse a las damas y zagalas, en los que hay siempre, en razón de la hipérbole con que se hacen los cumplidos, una cierta vena licenciosa o de sutilísima chanza. En suma, trataba tales materias como argumentos de la fantasía, en forma ya decorosa y grave, ya cortesana, elegante y aguda; y hubiera hecho mayor gala de este estilo si, a cambio de sus palabras y de sus obras escritas, le hubiesen dispensado de las obligaciones que imponíale el oficio, especialmente de aquellas que le obligaban a correr de un lado para otro y hacer de "intermediario". Él, como tantos hombres pacíficos que no gustan verse en medio de batallas, ni cambiar de país, ni viajar y ver gentes extrañas, que no aman las vicisitudes ni las aventuras, o sea, que no gustan de lo inesperado, turbulento o extraordinario, aceptaba buenamente todas estas cosas en la imaginación y se recreaba en ellas, las acariciaba e idolatraba. Su inclinación por adornar en su fantasía a la casa de Este, los señores de Italia, a las grandes damas, a artistas y literatos, fuesen buenos, mediocres o malos, su facilidad para hacer de ellos figuras radiantes, etcétera, obedecía a la misma raíz que su inclinación por las fábulas de los romances caballerescos. Éstas constituían la literatura predilecta, la literatura amena" de la gente de buena sociedad, especialmente en Ferrara, donde aquellos señores poseían en sus bibliotecas valiosas colecciones. Precisamente de aquel medio había surgido el más grande de los poetas italianos, cuya obra extraída de la prosa y del verso plebeyo fue versificada durante el siglo siguiente al de su nacimiento; y Ariosto debió leerlo muchísimas veces en su juventud y deleitarse con él, pues se sabe que lo tradujo del francés y del español. Encontraba allí grandes y terribles batallas, duelos de magistrales golpes, luchas contra gigantes y monstruos, situaciones trágicas, gestos magnánimos, pruebas de fidelidad, competencias en cuanto a lealtad y cortesía, persecuciones, favores y ayuda por parte de seres prodigiosos: hadas y magos, viajes hacia países lejanos a través de los mares y aun realizados a vuelo, jardines y palacios encantados, caballeros vigorosos cristianos y sarracenos, mujeres guerreras y damas de la realeza; todo esto ofrecíale el tan anhelado y a la vez cómodo deleite de contemplar un variado y colorido fuego de artificio, y por este placer emprende la tarea de escribir su extensísimo *Orlando furioso*.

Vano sería tratar de descubrir si la materia de la caballería era para Ariosto grave o burlesca, sobre todo después de penetrar en el sentimiento que lo guiaba y comprender que estaba más allá de todo juicio, porque no se juzgan ni moral ni utilitariamente, aprobando o reprobando, las luces y las parábolas de los fuegos de artificio. Fácilmente se podrá reconocer que por aquel entonces, especialmente en

Italia y en el espíritu de Ariosto, las fábulas caballerescas eran tan pobres que veíanse privadas no sólo del sentimiento religioso y nacional de la antigua epopeya, sino también de aquel sentimiento que se advierte todavía en ciertas recopilaciones de algunos cantos populares italianos, como por ejemplo en los *Reali di Francia*; pero esta observación, justa y hasta importante en cuanto se refiere a la historia de la cultura, nada significa en la historia de la poesía ariostesca, pues el hecho de que Ariosto estuviese absorto y en rapto, a punto de conmoverse frente al espectáculo que le brindaba su propia imaginación, o que de pronto se recobrase uniendo al comentario una sonrisa, o bien que se apartase del mundo circundante y real, son cosas que surgen por sí mismas y no parecen apetecer ni los debates ni los esfuerzos de ingenio que tanto se han malgastado en favor de su elucidación.

Es indudable, en cambio, que miraba con una disposición de ánimo completamente burlona las creencias religiosas, Dios, Cristo, el paraíso, los ángeles y los santos. Así, la plegaria de Carlomagno a Dios, la misión del ángel Miguel en la Tierra, el viaje de Astolfo por el mundo de la Luna, sus coloquios con el evangelista Juan, los actos y dichos de los ermitaños, con quienes se encuentran Angélica e Isabel, y principalmente los del santo ermitaño que bautiza Ruggiero, corresponden a tal estado de ánimo, entre burlón y rayano en el escarnio. No hay en esto ni

siquiera la seriedad del juego que hay en el juego de las partes caballerescas, y no podía haberla tampoco porque ante
la religión no cabe otra actitud que la de reverencia total o
la de total irreverencia; y Ariosto era irreverente, o lo que es
lo mismo, indiferente; espíritu tan arreligioso como afi-
losófico, nunca angustiado por dudas, nunca pensativo
acerca del destino humano, nada curioso por el sentido y
valor de este mundo, que veía y palpaba y en el cual amaba
y sufría: ajeno a toda filosofía y por consiguiente ajeno
también a la del Renacimiento, fuese de un Ficino o de un
Pomponazzi. Esto limita y hasta quita importancia a sus
burlas y no han faltado quienes le saludaran como el
"Voltaire del Renacimiento", o sea como un precursor de
Voltaire. Y tanto los primeros como el segundo, que tanto
aprendió de las profanaciones ariostescas y que maliciosa-
mente subrayaba las palabras de San Juan: "mi alabado
Cristo" (después que el evangelista había dicho que los
escritores truecan lo verdadero en falso y lo falso en verdadero, y que también él había sido en el mundo, un "escritor"), han colocado a Ariosto en un puesto que ciertamente no le corresponde. Voltaire no era arreligioso o indiferente, era antirreligioso, y sólo en tanto combatía toda las
religiones históricas en nombre de la suya, la religión de la
Razón; por eso sus sátiras y sus bufonerías conservan una
fibra de pensamiento y tienen eficacia polémica, cosas
ambas totalmente ausentes en las burlas ariostescas.

Tales, presentados sumariamente y en la medida necesaria a nuestro intento, los sentimientos que concluyeron en el *Orlando furioso* y produjeron las imágenes de que está tejido; y las produjeron aun cuando parezca que aquellas imágenes son tomadas de otros poemas y de otros libros, de Virgilio o de Ovidio, de las novelas francesas o españolas, porque al tomarlas Ariosto las convirtió en imágenes de sus propios sentimientos, o dicho en otros términos, porque mediante aquel acto les infundió nueva vida y las creó poéticamente. Pero, si por efecto del análisis que hemos hecho, y si por considerarla previa, o un tanto al margen del poema mismo, aquella materia se nos aparece como disgregada, no por eso dichos sentimientos estuvieron en su espíritu en condición material y amorfa porque nada hay en el espíritu sin alguna forma, o mejor aún, sin la propia forma. En efecto, ya se ha visto que buena parte de ellos toman cuerpo en las obras menores y hasta en otras, y si bien no todos llegaron a su fin, o no prosperaron en realización escrita, vivieron sin embargo en su mente, fueron a su modo expresados y actualizados, lo cual no obsta para que en aquélla, su forma anterior, éstos presentaran otro aspecto y fuesen por consiguiente distintos a como reaparecieron en el poema. Las palabras: amor y nostalgia, amistad y congoja, cólera e indignación contra los principios poco moralizadores de los poetas, impaciencia y desprecio hacia el vulgo ambicioso, etcétera, son usadas en sus *líricas* y *sátiras* en forma bastante más directa y vivaz; y quien no tuviese predilecciones podría realizar una comparación entre algunos conceptos análogos que, figurando en unas y otras, son entonados en forma a todas luces diferente. Si Ariosto hubiese tratado siempre aquellos sentimientos en su inmediatez, habría llegado a canciones, sonetos, epístolas y sátiras, pero no habría llegado a componer el *Orlando furioso* y hasta por la materia caballeresca, las cortesías, las armas y las empresas audaces, es dado vislumbrar qué habrían llegado a ser dichos sentimientos, de haber sido desarrollados en su inmediatez, para lo cual basta examinar el fragmento del poema sobre Ovizzo de Este, sin que a este respecto importe que pertenezca o no a los años juveniles de Ariosto y sea, por consiguiente, anterior a la composición del *Orlando furioso*, o que (como es muy probable) no sea más que una simple tentativa posterior a la realización y publicación de dicha obra. Hay en aquel fragmento gran limpidez y fluencia narrativa, pero se comprende que de seguir en esa tónica el poeta no habría sido nada más que un elegante juglar, y esto es precisamente lo que no era y lo que no quería ser. Así se explica que la obra inicial haya sido interrumpida, pues, si Ariosto hubiese versificado sus burlas sobre las cosas sagradas, no cabe duda que habría litigado a constituirse en un fino saetero de palabras agudas y acaso en un artífice de sorpresas burlescas, las que hubiesen hecho padecer el ridículo a frailes y santos. Pero

Ariosto desdeñaba tal ocupación; él, de quien se recuerdan grandes obras de esparcimiento y no befas o chanzas hirientes, era demasiado soñador, demasiado fino y demasiado artista como para hallar deleite en semejantes expresiones.

Para transformar en poesía las agradables historias caballerescas y las burlas caprichosas, para elevar la poquedad de la poesía erótica, o de la narrativa y discursiva, al plano de una poesía superior, para operar el tránsito y ascenso desde las obras menores hasta la mayor, para mediatizar lo inmediato, obró el sentimiento de la Armonía, haciendo de aquellos diferentes órdenes de sentimientos particulares un modo nuevo que es el que pasamos a considerar.

# V.
## LA ACTUACIÓN DE LA ARMONÍA

El primer cambio que estos sentimientos sufrieron, tan pronto intervino la Armonía que cantaba en el pecho del poeta, se puso de manifiesto por la pérdida de la autonomía que ejercían como tales, por la sumisión a un único señor, por el descenso de la totalidad a mera función de parte, por la conversión de los motivos en móviles y de los fines en instrumentos. Así, todos aquellos sentimientos morían a favor de una nueva vida.

La fuerza mágica que pudo realizar este prodigio estaba en el tono de la expresión, aquel tono desenvuelto, leve, mutable en mil modos diferentes y sin embargo siempre graciosos, aquel tono que los viejos críticos calificaban de "aire confidencial" y al que consideraban, entre otras virtudes, como indiscutible "propiedad del estilo ariostesco", donde no sólo veían estilo, porque este no es otra cosa que la expresión del poeta y su alma misma, sino también a todo Ariosto con su armonioso cantar.

Surge evidente esta obra de depreciación y destrucción llevada a cabo gracias al tono expresivo; actualizada en los proemios a los cantos y en las razonadas digresiones, observaciones, repeticiones, vocabulario, fraseología y forma de resolver los períodos; actualizada también en las frecuentes comparaciones que lejos de fortalecer el aliento de las imágenes más bien lo desvanecían, así como en las interrupciones, hechas algunas veces en los momentos más dramáticos so pretexto de fácil tránsito a otros relatos de diversa y hasta de opuesta índole. Sin embargo, lo que hay de palpable, lo que hay digno de ser destacado y pasible de análisis retórico, es sólo una pequeña parte del todo, del todo impalpable que corre como fluido sutil y no se deja apresar por argucias escolásticas, porque, siendo como es, alma, sólo se siente con el alma. Y este tono constituye también la ironía ariostesca, tantas veces señalada, tantas veces nombrada y nunca bien determinada, porque, con frecuencia, se la vio como una suerte de burla o escarnio, semejante a la que Ariosto ponía a veces en juego al contemplar las figuras y aventuras caballerescas. De aquí que, se la haya restringido y al mismo tiempo materializado, pero no hay que olvidar que aquella ironía no se desenvuelve, ni gravita, en un solo orden de sentimientos (digamos, los caballerescos o religiosos) para dejar a otros a buen recaudo, sino que los envuelve a todos, y, por tal razón, no es nunca burla trivial, sino algo mucho más elevado, que siendo en sí mismo artístico y poético debe considerarse como la victoria del motivo fundamental sobre todos los demás.

Todos los sentimientos: los sublimes y burlones, los tiernos y fuertes, las efusiones del corazón y las escogitaciones del intelecto, los razonamientos sobre el amor y las encomiásticas listas de nombres, las representaciones de batallas y las elocuciones llenas de comicidad, etcétera, son igualmente rebajados por obra de la ironía e igualmente elevados por obra de ella. Sobre todos ellos se levanta la maravilla de la octava ariostesca, que vive por sí misma: una octava que no puede ser calificada simplemente de sonriente, (salvo que la sonrisa no se enrienda en sentido ideal), sino más bien de manifestación de vida libre y armónica, fuerte y equilibrada, y que, palpitante en las venas ricas de buena sangre, es aliviada en su incesante latir. Aquellas octavas tienen la corporeidad de mozuelas florecidas o de efebos bien formados, ágiles sus miembros y ágiles sus muslos, jóvenes que no se afanan por dar prueba de su destreza, porque ésta se revela en cada una de sus actitudes y de sus gestos – Olimpia, después de tantas travesías, después de prolongados viajes por mares tormentosos, llega con su amante a una isla salvaje y desierta:

*Il travaglio del mare e la paura,*
*che tenuta alcun di 1'aveano desta;*
*il ritrovarsi al lito ora sicura,*
*lontana da rumor, ne la foresta;*
*e che nessun pensier, nessuna cura,*
*poi che'l suo amante ha seco, la molesta;*
*fúr cagion ch'ebbe Olimpia sí gran sonno,*
*che gli orsi e i ghiri aver maggior nol ponno.*[1]

Hay aquí un análisis completo de las causas que determinaron el sopor de Olimpia, y estas causas están claramente dichas; pero todo ello no llega a tener más que un valor meramente secundario ante el sentimiento íntimo que expresa la octava, la que parece complacerse en sí misma y que, en efecto, se complace en la resolución de un devenir, de un movimiento que alcanza su fin. – Bradamante y Marfisa, juntas, en vano persiguen a muerte al rey Agramante:

*Come due belle e generose parde*
*che fuor del lascio sien di par í uscite,*
*poseía ch'i cervi o le capre gagliarde*
*indarno aver si veggano seguíte,*
*vergognandosi quasi che fúr tarde,*
*sdegnose se ne tornano e pentite;*
*cosí tornâr le due donzelle, quando*
*videro il Pagan salvo, sospirando.*[2]

1. Las fatigas del mar y los horrores padecidos teníanla despierta, pero al verse junto al amante tan segura en la foresta, disipáronse temores y cuidados, y Olimpia sumióse en sueño tan profundo que sólo al de osos y lirones acaso comparable fuera.
2. Como dos galgas hermosas y valientes que se vieran libres a un tiempo de la traílla y que, después de perseguir inútilmente a esbelto cervatillo o cabra montañesa, regresaran un poco avergonzadas y casi desdeñosas; así tornaban las doncellas, suspirando, cuando vieron al Pagano enemigo sano y salvo.

El mismo proceso y el mismo resultado. Pero el mismo proceso y resultado se observan precisamente allí donde nada hay que parezca obedecer a un intrínseco interés por la materia, es decir, donde sólo hay un concepto convencional y frases obsequiosas, ya sea por homenaje cortesano, ya sea para rendir testimonio de estima y admiración. Decir, por ejemplo, de una bella dama que "parece en cada uno de sus actos una Diosa salida del Cielo" no es dicho peregrino, sino expresión de un Ariosto evolucionado, de verso rimado, a tal punto que da pruebas del manifestarse de la Diosa en su andar majestuoso, así como también del estupor y de la devota inclinación de circunstantes y rivales, sin olvidar también que pone de manifiesto el desarrollo de un pequeño drama:

*Giulia Gonzaga, che dovunque il piede*
*volge e dovunque i sereni occhi gira,*
*non pur ogn' altra di belta le cede,*
*ma, come scesa del ciel Dea, l'ammira...*[3]

Desenredar una madeja de desnudos nombres, simplemente por evocarlos elogiosamente y tan sólo modificando apenas alguno de ellos mediante un pobre juego de palabras es, considerada en sí misma, cosa menos peregrina; pero Ariosto dispone de los nombres de los pintores con-

3. Julia Gonzaga, doquiera va y con sus ojos mira, a toda otra beldad supera en hermosura y como diosa del cielo se la admira...

temporáneos, como si se tratara, ni más ni menos, que de un Parnaso, exaltando entre todos al mayor; y aquellos nombres suenan (gracias a la maestría del período y de los acentos) de tal manera que parecen cobrar ánimos y plenitud de sentido:

*E quei che fûro a'nostri di, o sono ora,*
*Leonardo, Andrea Mantegna, Gian Bellino,*
*duo Dossi, e quel ch'a par sculpe e colora,*
*Michel, piú che mortale, Angel divino...*[4]

Las "sentencias" de Ariosto fueron juzgadas por De Sanctis como "lugares comunes" y no como "observaciones profundas y originales", como "banales" y por añadidura "contradictorias" según el juicio de otros. Pero son sentencias de Ariosto y frente a ellas no se medita, se canta:

*Oh gran contrasto in giovenil pensiero,*
*desir di laude, ed impeto d'Amore!*
*Né, chi piú vaglia, ancor si trova il vero,*
*che resta or questo or quel superïore...*[5]

---

4. Y aquellos que existieron o existen todavía: Leonardo, Andrea Mantegna, Gian Bellino, ambos Dossi, y aquel que por igual esculpe o pinta, Miguel -más que mortal- Ángel divino.
5 ¡Oh conflicto terrible de las mentes juveniles deseosas de elogio y entusiastas de amor! Aunque hallaren que algo es verdadero siempre sentirán que hay un esto o un aquello superior.

Hasta en los lugares de mayor riesgo, donde otros habríanse hundido en una complacencia lasciva, él logra dar expresión a un mismo tiempo del descenso y realce de la materia, como en la narración de la aventura de Ricciardetto con Fiordispina:

*Non rumor di tamburi o suon di trombe*
*Furon principio all' amoroso assalto;*
*ma baci, ch' imitavan le colombe,*
*davan segno or di gire, or di fare alto..*[6]

Diríase que la ironía de Ariosto es semejante al ojo de Dios, que mira el movimiento de la creación, de toda la creación, amándola igualmente en el bien y en el mal, así en lo máximo como en lo mínimo, tanto en el hombre cuanto en el grano de arena, porque todo es obra suya; ironía que sólo mira a la aprehensión del movimiento mismo, de la eterna dialéctica, del ritmo y de la armonía. Se ve entonces que de la acepción común, el término "ironía" ha pasado a entrañar un significado metafísico, tal como lo tuvo después en los fichteanos y románticos, mediante cuya acepción explicaríamos fácilmente la naturaleza peculiar de la inspiración ariostesca, de no haber ocurrido que en aque-

6. Ni tambores ni trompetas señalaron la hora del amoroso asedio; sólo besos -al igual que los palomos- aconsejaban ya seguir, ya hacer un alto…

llos pensadores y literatos la ironía fue confundida con el humorismo, con el capricho y la extravagancia, es decir, con posturas que violentan y destruyen el arte. En cambio, la determinación crítica propuesta por nosotros se configura con todo rigor dentro de los límites del arte, tal como lo hace Ariosto en su obra, donde no se llega nunca a lo humorístico y mucho menos a lo extravagante, cosas ambas que si se mira bien no son más que índices de evidente debilidad. Pero la de él es una ironía de artista seguro de su propia fuerza; y quizás resida en esto la causa, o una de las causas por las que Ariosto no resultaba agradable a los disolutos románticos dispuesto a volcar sus preferencias más bien en favor de un Rabelais y de un Carlos Gozzi.

Destruir todos los sentimientos, adecuarlos todos ellos a este descenso, privar a las cosas de su autonomía, despojarlas de su alma particular y propia, equivale a convertir al mundo del espíritu en mundo de la naturaleza: un mundo irreal que no existe sino en tanto nosotros así lo establecemos. Y, en cierto sentido, todo el "mundo" llega a ser "naturaleza" para Ariosto; todo llega a ser, en él, superficie diseñada y coloreada, reluciente pero sin sustancia. De donde también aquel modo de ver los objetos en cada uno de sus rasgos, como un naturalista que observa y describe minuciosamente sin contentarse nunca con el rasgo único, que sólo pueden poner de relieve otros ingenios artísticos:

en suma, sin impaciencias pasionales y por consiguiente sin excesos de valoración. Así, por ejemplo puede parecer que la figura de San Juan coincida con la diseñada por él:

*che'l manto ha rosso e bianca la gonnella,*
*che l' un puo al latte, 1' altro al minio opporre;*
*i crini ha bianchi e bianca la mascella;*
*di folta barba ch' al petto discorre...*[7]

Pero, en el fondo, la belleza de Olimpia es presentada mediante igual método, olvidando la castidad de la mujer que parecería exigir otra suerte de figuración, o más bien, otro tipo de semblanza:

*Le bellezze d' Olimpia eran di quelle*
*che son piú rare; e non la fronte sola,*
*gli occhi, e le guancie, e le chiome avea belle,*
*la bocca, il naso, gli omeri e la gola...*[8]

Y con el mismo método presenta a Medoro, de corazón devoto, valeroso, y cuyo juvenil heroísmo exigiría también

7. Su manto rojo del más vivo bermellón, y blanco su sayal más blanco que la leche, blancos sus cabellos y blanca la espesa barba que discurría por el pecho.
8. Los encantos de Olimpia eran propios de las más raras beldades: su frente, sus ojos, sus mejillas y su cabellera no eran las únicas bellezas; también su boca, su nariz, sus hombros y su cuello...

una mirada menos fija en la frescura del adolescente y más atenta a los rasgos que revelaban su ardor y devoción:

*Medoro avea la guancia colorita,*
*e bianca e grata ne la età novella...*[9]

Las muchas similitudes de los personajes y de las situaciones, en que éstos se encuentran con el espectáculo ofrecido por la vida de los animales o por los fenómenos de la naturaleza, constituyen también parte apreciable y palpable de la ya mencionada conversión del mundo humano en mundo de la naturaleza. No haremos estadística alguna a este respecto, porque ya fue hecha, con irritante paciencia, por un filólogo alemán y engrosa un fascículo que tiene la virtud de matar todo deseo de introducirse, aunque sólo sea momentáneamente, en las analogías, comparaciones y metáforas de Ariosto.

Esta aparente naturalización, este objetivismo, cuya profunda subjetividad ya hemos mostrado, ha inducido a la falaz afirmación (ya advertida) de que aquella indiferencia y frialdad de observación respecto de las cosas vendría a constituir 'la forma" característica de Ariosto. Y en este sentido, se lo ha hecho compañero de su contemporáneo Maquiavelo, que investigó con ojo sagaz (como suele decir-

9. Medoro tenía rosadas las mejillas, la blancura y el encanto de la edad juvenil.

se) la historia y la política, describió su marcha, formuló sus leyes y expresó sus observaciones en una prosa análoga en cuanto a la inexorable objetividad y frialdad científica. Lo cual es cierto, pero sólo en sentido un tanto remoto, pues es verdad que ambos, en diferentes campos y con diversas finalidades, destruyeron el anterior contenido espiritual y por consiguiente naturalizaron (Maquiavelo, la concepción religioso-medieval de la historia y de la política); pero tal juicio sobre Maquiavelo sólo puede ser tomado en sentido metafórico porque como pensador indagaba en los hechos y los aclaraba en función de un nuevo y vigoroso pensamiento, y como escritor, expresaba con aparente frialdad la severidad de su más íntima pasión. De la misma manera y no como otra cosa que metáfora debe ser considerada aquella caracterización de un Ariosto naturalista y objetivo, porque éste naturalizaba para espiritualizar en modo nuevo, creando formas espirituales de la Armonía.

En sentido opuesto, pero consecuente con lo que venimos demostrando, conviene abandonar los elogios que se han hecho de Ariosto, ya por su "épica", la épica nobleza y el decoro que tanto exaltaba Galilei, ya por la fuerza y logicidad que puede advertirse en el carácter de sus personajes, según la advertencia de viejos críticos y aun de los nuevos y más recientes. ¿Cómo podría haber épica en el *Orlando furioso*, si en su autor no sólo faltaban los sentimientos éticos de la epopeya, sino también aquellos que, aun siendo

72

escasos, puede, merced a sutilezas, decirse que se tienen por herencia?; y en tal caso, dichos sentimientos vendrían, con todos los otros, diluidos en la Armonía e ironía universales. ¿Cómo podría haber en el poema caracteres verdaderos y propios, si, en arte, los caracteres de los no son otra cosa que las notas mismas –varias, distintas y opuestas– del alma del poeta? Notas que se incorporan a criaturas que hasta parecen vivir de vida propia, pero que sólo viven de la vida misma, distribuida en modo diferente a guisa de destellos de un mismo fuego central. Pésimo prejuicio crítico es aquel que pretende que los caracteres vivan por sí mismos y continúen su vida fuera de las obras de arte a las cuales pertenecen como parte, ni diferente, ni separable, de las estrofas, de los versos y las palabras. En el *Orlando furioso*, no habiendo libre energía de sentimientos pasionales, no hay caracteres sino figuras, diseñadas y pintadas con relieve y rotundidad y con rasgos más genéricos y típicos que individuales. Los caballeros se asemejan unos a otros y se confunden entre sí; sólo se diferencian por la bondad o maldad, por el grado de gentileza o descortesía y rudeza, por atributos extrínsecos y accidentales, y con frecuencia sólo se diferencian por los nombres. A las mujeres se las muestra igualmente amorosas o pérfidas, virtuosas y felices en un solo amor o disolutas o perversas, y muy a menudo se las distingue por el cariz de las aventuras llevadas a cabo o por los nombres que las adornan. Lo mismo ocurre en la fisonomía de las narraciones y descripciones (típica y no individual, o muy poco individual, es la locura de Orlando a la que, únicamente por complacencia retórica, un crítico ha osado comparar con la locura de Lear), y en la fisonomía de los objetos, paisajes, palacios, jardines, etcétera. Más aun, hasta cabe hacer reservas sobre la coherencia de los caracteres, entendida groseramente como obediencia a un diseño típico, reservas que ya se han hecho (y con razón) porque los personajes de Ariosto tómanse demasiadas libertades para ellos mismos según los casos en que aparecen, o mejor dicho, según los servicios que les exige el autor.

Tales advertencias se hacen indispensables, pues el presupuesto de que los caracteres ariostescos se ofrecen con toda nitidez por ser objetivos y coherentes, si bien da lugar a elogios por parte de aquellos que los descubren, también da lugar a condenas, igualmente infundadas, por parte de los otros, de aquellos que los buscan y no logran encontrarlos. Así, De Sanctis, que una vez hizo descender a las criaturas femeninas de Ariosto para compararlas con las de Dante, Shakespeare y Goethe; comparación imposible, porque Angélica, Olimpia e Isabel no poseen la intensidad pasional de Francesca, Desdémona y Margarita. De la misma manera, éstas tampoco pertenecen a las armoniosas octavas que animan las otras, donde se mecen y en las que efectivamente consisten, y lo que es más, ni unas ni otras padecen

74

de correlativas faltas, ya que lo que ha sido considerado como tal (y lo ha sido sólo a la luz de un prejuicio crítico) no constituye, en sí mismo, ni privación ni contradicción poética alguna. También De Sanctis llegó a acusar, casi como defecto y privación, la falta de sentimiento de la naturaleza en Ariosto; pero el llamado sentimiento de la naturaleza (como por otra parte, enseñaba el gran maestro De Sanctis) no depende de la naturaleza misma, sino más bien de las disposiciones del espíritu humano, de los sentimientos de alivio, melancolía o terror religioso que el hombre infunde en la naturaleza, encontrándolos allí después de haberlos puestos; y estas disposiciones espirituales, en su particularidad, estaban excluidas, como es lógico pensar, de la última disposición del espíritu de Ariosto y si alguna señal de esto se hubiera introducido en el poema, si alguna nota sentimental hubiera resonado en él, ésta aparecería como estridente, poniendo de relieve su inadecuación.

A Lessing, otro objetivista de la crítica, el retrato ariostesco de la belleza de Alcina parecíale erróneo por considerarlo excesivo respecto de los límites de la poesía, a lo que respondía De Sanctis diciendo que la materialidad despreciada por Lessing constituía, en aquella descripción, el secreto de la poeticidad, porque la belleza de la maga Alcina, consistiendo en mero revestimiento ficticio, exigía precisamente una descripción material. Censura injusta y respuesta bastante ingeniosa pero quizás no muy verdadera, porque ya es harto sabido que con aquel método Ariosto describía así a las bellezas como a las ficciones, tanto a las Olimpias cuanto a las Alcinas, y la respuesta más natural, y acaso por lo mismo la más veraz, nos parece la ya dada: vano sería buscar en Ariosto rasgos enérgicos o fisonomías vivas obtenidas mediante un par de pinceladas, es decir, cosas que presupongan un modo de sentir que le fuera ajeno o, en todo caso, que él reprimiese. Los ojos "risueños y huidizos", que son toda Silvia, "el dulce sonreír, amoroso y sufriente", que es toda la espiritual amiga de la *Maison du Berger*, no pertenecen a Ariosto, sino a Leopardi y a De Vigny.

Hay dos modos según los cuales no se debe leer el *Orlando furioso*. El primero es el que permite leer un libro eurítmico, de alto vuelo moral, como *Los Novios*, de Manzoni, siguiendo a lo largo del proceso de un profundo sentimiento humano que circula por todas partes, aun en las menores, y lo configura y determina todo. El segundo es el que se emplea en la lectura de obras como *Fausto*, donde la composición general, más o menos dirigida por conceptos, es decir, por la mente, no coincide del todo con la inspiración poética de las partes individuales y a cuyo respecto conviene discernir entre partes poéticas y nexos antipoéticos; que el lector dotado de espíritu poético, a fin de gozar de todos ellos, recorrerá en unos para afirmarse sobre los otros. En el *Orlando furioso* no existe (o sólo existe muy levemente y en la medida de la imperfección propia de la más perfecta obra humana) el desequilibrio reinante en este segundo tipo de obras y existe en cambio el equilibrio de las primeras, aun cuando falta la particular forma de seriedad pasional que se hace presente en aquéllas, así como en ciertas partes individuales de las segundas. Por consiguiente, se debe leer de una tercera manera, mediante la cual pueda superarse la particularidad de las narraciones y descripciones hasta alcanzar un contenido que sea siempre el mismo y que se actualice, sin embargo, en forma siempre nueva, es decir, un contenido que nos atraiga con la magia de su idéntica e inagotable variedad de apariencias.

Como se ve, también con esto se acepta, aunque rectificándolo, un juicio común sobre el *Orlando furioso*, juicio que, sin ánimo de exagerar, ha acompañado a esta obra desde su aparición y que la califica de obra exenta de seriedad, ligera, burlesca, deleitosa y frívola. *Ludicro more* la llamaba el cardenal Sadoleto, vicario de León X, en el permiso que extendió para la edición de 1516, si bien agregaba, traduciendo quizás declaraciones del mismo poeta: *longo tamen studio et cogitatione, multisque vigiliis confectum*. Y Bernardo Tasso, Trissino, Speroni y muchos otros graves y pedantes personajes, no callaron su desprecio por Ariosto debido a que éste aspiraba, según ellos, al solo fin del deleite. Simple colección de *fables comiques*, la juzgada Boileau;

"poema para mero fin del deleite, no guiado por la razón", lo definía Sulzer; Home lo consideraba "desenfrenado y extravagante", lleno de interrupciones y fastidioso debido a la excesiva variedad de las mismas; y aun hoy, en muchos manuales escolares, figuran expuestos, como en un balance de activo y pasivo, los méritos y deméritos de la obra, considerados entre los primeros, la perfección de la octava, la vivacidad de los relatos, la desenvoltura, etcétera, y, entre los segundos, la falta de sentimiento profundo, la luz cuyo fulgor no da tibieza y la inercia en que deja al corazón. Juicio que se acepta y rectifica al observar, simplemente, que juzgan así quienes sólo ven lo que está al alcance de sus ojos, pero que no elevan la mirada hacia lo que está por encima de sus testas, hacia la virtud principal donde la frivolidad de Ariosto se revela profunda seriedad de rara especie, profunda conmoción del corazón, de un corazón gentil, exquisito, no poco aislado por cierto de las emociones que provoca lo que con frecuencia suele considerarse como vida y realidad.

Aislado sí, pero no separado, no ajeno ni indiferente. Retomando y desenvolviendo el análisis inicial cabe ponerse en guardia contra el fácil mal entendido de la "destrucción" (sobre la cual ya hemos discurrido) operada por el tono y la ironía ariostescas y considerada casi como una destrucción total y como un anonadamiento, mientras debe ser entendida como destrucción en el sentido filosófico del término, que es, al mismo tiempo, conservación. De no ser así, ¿qué significaría aquella diversa materia o contenido afectivo en el poema, a la que ya hemos hecho mención? ¿Acaso los astros del cielo (interrogaría sarcástico don Ferrante), están como alfileres enclavados en un cojín? De la total indiferencia del sentimiento, de la falta de contenido, nace la retórica de otros y no la poesía ariostesca, el cosmético sobre el cadáver y no la rosada nube que envuelve y adorna el rostro viviente, la versificación fácil y extrínsecamente musical del *Adone* y no la octava del *Orlando furioso*; nacen para citar una vez más al ariostófilo Giraldi Cintio (que incitaba no confundir la "facilidad" del *Orlando furioso* con las rimas "de dulce sueño u ningún con las rimas "de dulce sueño y de ningún sentimiento"), las "ochocientas estancias" que Cintio hubo de leerle una vez a uno de los compositores de su época, "las cuales parecían recogidas de los floridos jardines de la poesía, e iban ofreciendo su encanto de estancia en estancia, pero, en conjunto, eran tan vanas que por su sentido parecían nacidas en el terreno de la infancia", porque su autor estaba atento "sólo al deleite que nace del brillo y de la exquisitez de las voces, dejando totalmente a un lado la dignidad y el encanto que vienen de la sentencia".

Si Ariosto, en el acto de componer, no se hubiese apasionado (en la forma ya aludida) por las diferentes materias que se incorporaban a su poema, carecería del ímpetu, del brío, de los pensamientos y de los acentos que habrían de moderarse y atemperarse en la disposición armónica de su alma. Habría poetizado a frío, y así no se logra poetizar nunca. Tal, por lo que a mí me parece, fue el caso de los *Cinque canti*, que él excluyó del *Orlando furioso*, y que reemplazó por otros. En ellos se advierte su mano, tanto por la sabiduría de las descripciones cuanto por la lucidez puesta de manifiesto en cada digresión; allí están también todos los elementos de su mundo habitual, relatos guerreros, aventuras caballerescas, noticias de amor (el amor de Penticone por la mujer de Otón, de Astolfo por la mujer de Gismondo) narraciones satíricas (la fundación de la ciudad de Medea con la ley sexual que aquélla le impuso), insólitos alardes de imaginación (los caballeros prisioneros en el cuerpo de la ballena, donde tienen dormitorio, cocina y comedor), y copiosas consideraciones morales y políticas (sobre los celos y las ambiciones, contra los perversos señores y contra las milicias mercenarias); y se advierte también que Ariosto las escribió en un momento poco feliz, en que Minerva le era huidiza o adversa, pues el autor no demuestra el necesario interés o no pone en ellas el suficiente calor. En el mismo *Orlando furioso*, ¿no hay partes en que el poeta languidece? Parecería que sí, no ya en los cuarenta cantos de la primera edición que germinaron en los doce años de su primavera poética, sino en las partes agregadas, todas ellas intelectuales (como se podría demostrar) por lo menos de origen y que, por esta misma razón (salvo el episodio de Olimpia), no figuran entre las más leídas y populares; e intelectual por excelencia es el extenso apéndice que figura al final del poema, la doble promesa de casamiento de Bradamante y la rivalizada cortesía entre León y Ruggiero, donde el tono se hace en muchas partes sencillamente pedestre. Y sin embargo, los filólogos dados a la crítica de arte han reconocido en estas partes lánguidas, y sobre todo en los *Cinque canti* de este Ariosto desorientado y fuera de tono, un Ariosto que progresaba, que se hacía "serio" y que daba la mano nada menos que a Torcuato Tasso.

El proceso de la "destrucción" llevado a cabo en la materia quizás pueda ser aclarado, para quien no guste de fórmulas filosóficas y para quien las encuentre demasiado difíciles, gracias a la comparación con lo que en la técnica de la pintura se ha dado en llamar "velar un color", que nunca quiere decir que haya que suprimirlo, sino tan sólo apagarlo de tono. En una disminución igual y semejante, todos los sentimientos que forman la trama del poema conservan no sólo su fisonomía propia sino también las proporcionales y recíprocas relaciones, de suerte que, en los "cristales transparentes y tersos" y en las "aguas nítidas y tranquilas" de la octava ariostesca, resultan débiles a la vista como "perlas en blanca frente", pero distintos, cual eran, y más o menos fuertes, según la fuerza que ya tenían en el ánimo del poeta. Lo cómico, en descenso y realce al mismo tiempo, queda sin embargo cómico; lo sublime, sublime; lo voluptuoso, voluptuoso; lo reflexivo, reflexivo; etcétera. Y ocurre, a veces, que se alcanza un límite más allá del cual Ariosto tendría que salir de su tono, pero sin embargo nunca se sale de él, porque dejándose apresar siempre por el límite, lo respeta. Todos conocen los caracteres y las palabras más conmovedoras del *Orlando furioso*: Medoro, que rodeado de todos los enemigos juntos gira como un torno haciendo esgrima y escudándose tras los árboles para no abandonar el cuerpo de su señor; y Zerbino, que a punto de matarlo se detiene, invadido por la piedad al ver la belleza de su rostro; Zerbino, que al morir se desespera porque deja sola y presa de hombres desconocidos a su Isabel, la que rompe en lágrimas y profiere dulces palabras de eterna fidelidad; Fiordalis, que recibe la noticia (o más bien la adivina) de la muerte de su esposo… Siempre, al releer estos y otros versos se cierra la garganta y un no sé qué invade los ojos... He aquí a Fiordalis, herida por el frío del presentimiento:

*E questa novità d'aver timore*
*le fa tremar di doppia tema il core.*[10]

10. Sentir la novedad de este temor le hace temblar doblemente el corazón.

Llega la noticia funesta, Astolfo y Sansonetto, los dos amigos que se hallan próximos al lugar donde ella espera, evitan el encuentro, pero al fin deciden acercársele y prepararla a recibir la desventura acaecida:

*Tosto ch' entraro, e ch' ella loro el viso*
*vide di gaudio in tal vittoria privo,*
*senz' altro annunzio sa, senz' altro avviso,*
*che Brandimarte suo non è più vivo...*[11]

Tiembla en las imágenes y en el ritmo el dolor de la amante desdichada; se percibe su quebranto y poco después se la ve caer en el negro abismo de la desolación. Otro momento de la misma narración, donde el dolor parece recobrar fuerzas y acrecer sobre sí mismo, es aquel en que Orlando entra aterrado en el templo mientras oficiábanse los funerales de Brandimarte: Orlando, el amigo, el compañero, el testigo de aquella muerte:

*Levossi, al ritornar del Paladino,*
*maggiore el grito e raddoppiossi el pianto..*[12]

11. Ni bien entraron, compungidos los rostros a pesar de la victoria, sin otro anuncio, sin otro aviso, comprendió que su Brandimarte ya no estaba entre los vivos...
12. Al salir del templo eleváronse los gritos, y acreció el llanto…

Ante figuras y palabras como estas, De Sanctis acostumbraba decir a sus discípulos, al exponerles el *Orlando furioso*: "¡mirad qué gran corazón tenía Ariosto!" Pero recalcaba también la verdad: "Ariosto no lleva nunca las situaciones hasta el tormento" que impidiese el tono de su canto; y mostraba también el recurso de las interrupciones, de las semejanzas risueñas, de las reflexiones y estilizaciones empleadas para evitar el escarnio sangriento, siempre pronto a irrumpir. Hay críticos demasiado exigentes, que piden demasiado, por ejemplo, aquellos que se detienen con obstinación ante las octavas dedicadas al nombre de "Isabel" (designado por Dios para adornar, desde entonces, a las más bellas, gentiles, corteses, sabias y castas mujeres: homenaje a la marquesa de Mantua, Isabel de Este), con las que se da fin a la narración del sacrificio que Isabel hace de su vida para serle fiel a Zerbino; y no entienden que aquellas octavas, el *Proficiscere* que las precede ("Id en paz, almas beatas..."), el mismo relato de la ebria animalidad de Rodomonte, y antes de ésta, la escena semi-cómica del santo ermitaño que asume el gobierno de la honestidad de Isabel, "cual práctico navegante", y que, deseoso de "espiritual alimento, preparaba rápidamente una mesa suntuosa y magnífica", y a quien Rodomonte apresa por el cuello y arroja al mar a tres millas de la costa, no son más que representaciones y palabras entonadas para producir el deseado efecto de presentar la muerte de Isabel sin que el *Orlando furioso* caiga en el campo de la tragedia con su correspondiente catarsis trágica; el *Orlando furioso*, cuya catarsis armónica, general y perpetua ha sido ya suficientemente aclarada por nosotros.

Precisamente, la actuación de la materia sentimental y pasional a través de la propia superación, no obstante el variado colorido que da al poema y el carácter de humanidad que le confiere, nos indujo a declarar al principio de nuestro análisis que la definición de Ariosto como poeta de la Armonía debía ser interpretada sólo como una manera de señalar dónde palpita el acento principal de su obra, porque él es poeta de la Armonía, pero es también algo más, es poeta de la Armonía que anima un mundo particular de sentimientos: en suma, que la Armonía actualizada por Ariosto no es la Armonía en general, sino *una Armonía totalmente ariostesca*.

# VI.
## DISOCIACIONES HISTÓRICAS

De lo dicho puede inferirse el sentido que damos a las confrontaciones y juicios sobre Ariosto, mediante los cuales se lo compara con Pulci, Boiardo, Cieco de Ferrara, y hasta con otros poetas caballerescos italianos; confrontaciones y juicios extensivos, a veces, a poetas humorísticos, como Folengo y Rabelais, o a burlescos, como Berni, Tassoni, Forteguerri, o a los neo-épicos, como Tasso, Camoens, o finalmente al más directo, consciente y piadoso ironista de la caballería, Cervantes. Resulta admisible y hasta natural que el género "poema caballeresco", o "poema narrativo", o "novela", cultivados por retóricos y tratadistas, ordene según dichos rubros y en forma seriada a las diversas obras, en una suerte de historia artificial que no tiene sino las particularidades de ciertas formas literarias abstractas, las que en el fondo no son otra cosa que corrientes y formas de las costumbres sociales. Y admisible también (más aun porque sirve para problemas de mayor relieve) es que, al investigar la progresiva disolución del ideal caballeresco de la primera época de la sociedad moderna, se haya hecho uso, entre otros documentos, de aquellos ofrecidos por los poemas caballerescos, como ha hecho –con significativa sobriedad– por ejemplo, Salvemini, en su monografía en torno a la "dignidad caballeresca" en el Estado de

Florencia. Pero inadmisible e ilegítimo es el juicio estético que se trata de obtener a expensas de estas confrontaciones, otorgando la palma a este o aquel poeta, ya por haber observado mejor que otros el "género", o una particular "especie" y "variedad" del mismo, ya por haber representado mejor la caballería o la anti-caballería. También De Sanctis, no obstante su exquisito sentido de la individualidad y de la poesía, se vio apresado más de una vez en estas redes sociológicas, cosa explicable por la condición de los estudios en aquellos tiempos, y en el caso particular de un De Sanctis, por sus orígenes filosóficos, pero no es menos verdad que los juicios que el pronunció en este sentido se desvían de la recta y adecuada crítica estética, participando, por consiguiente, en los errores de toda desviación.

Después de esta lucha, librada a fin de no vernos envueltos en esta insidiosa red de Caligorante, no tenemos nada más que decir respecto de Ariosto, porque de aquellas confrontaciones mal encaradas y de aquellos arbitrarios juicios de valor, que surgen como su consecuencia natural, el poeta del *Orlando furioso*, gracias a la fortuna que constantemente le ha acompañado, sale siempre coronado con el signo de la victoria, nunca vencido y pocas veces igualado. A las anécdotas más que a la historia de la crítica pertenecen las preferencias que los literatos románticos alemanes tienen por Boiardo (renovadas en Italia por Panzini), considerado como poeta de los grandes sueños heroicos; preferencia señalada al juzgar a Ariosto como poeta burgués, o también señalada cuando se dice del mismo Boiardo que éste ha sabido representar mejor que nadie la forma lógica del poema caballeresco italiano, forma prescripta según la combinación elaborada en el gabinete filológico por el anti-ariostesco, y no por eso menos benemérito y estimable profesor Rajna. Pero no se puede negar que la singular belleza de Ariosto se destaca con suma frecuencia hasta en la confrontación ilegítima, así fuere frente a un Boiardo, un Pulci, un Tasso y aun frente a otros poetas. Por consiguiente, dejando a un lado a Tasso –que ha ganado su causa, no obstante figurar un Galilei entre quienes disminuyeron sus méritos con tales comparaciones–, no nos parece del todo inoportuno hacer una breve digresión acerca de Pulci y Boiardo.

Mirando en Pulci a él y no a Ariosto (porque para ver no es buen método sobreponer una fisonomía a otra), ¿qué se encuentra?, ¿qué es el *Morgante*? Ante todo, es una fantasía, una de aquellas obras que surgen ya por un capricho ya por una apuesta y que el autor no las emprende, como es lógico suponer, con la suficiente preparación, pues no las ha meditado lo bastante y no trabajará en ellas con la escrupulosidad del artista que ha medido sus fuerzas, que ha reflexionado para poner en juego todos los recursos necesarios a fin de obtener los mejores frutos. Y como la ocasión o los motivos que puedan determinar a alguien a emprender una obra no constituyen nunca la sustancia de la misma, porque dicha sustancia sólo podrá constituirse merced a lo que el autor realmente incorpore a lo largo de su tarea, el recuerdo del nacimiento ocasional sólo sirve (como en el caso presente) para dar mayores pruebas del posible caos interior que allí reine, como indudablemente parece ocurrir en el Morgante. A este respecto, basta recordar que, al componer o transcribir un poema caballeresco cristiano, Pulci no alimentaba otro propósito que el de satisfacer, a su modo, el deseo de la piadosa Lucrecia Tornabuoni; propósito que a su vez solamente le permite dar pruebas de ciertas cosas superficiales y extrínsecas, como por ejemplo la trama general del poema y las partes de entonación religiosa, logradas tan sólo como podían serlo por un cerebro como el de Pulci. La sustancia del *Morgante*, la intrínseca y peculiar inspiración del poema, puede advertirse mejor si se lo considera vinculado a la curiosidad con que la culta burguesía florentina observaba y asimilaba las costumbres, la psicología popular de las ciudades y de los condados, lo cual dio lugar a la poesía de diverso carácter popular de un Poliziano, un Lorenzo y aun de Pulci, autor de la *Beca di Dicomano*. Dicha inspiración goza de lo simpático y al mismo tiempo de lo irónico, como se observa en toda poesía popular y de arte dialectal, en los *Lieder* y en las *Balladen* alemanas y románticas, así como en la literatura dialectal italiana de nuestros días ("dialectal" y no "italiano" se habría intentado calificar al *Morgante*), y tal cuerda simpático-irónica vibraba en Pulci de modo sumamente personal ya que, como es natural, no era exactamente la misma vibración que se daba en Lorenzo y menos aun en Poliziano. Pero su vibración no era pura y nítida, pues se veía obstaculizada, no tanto por el capricho inicial y los propósitos ya advertidos, cuanto por la puja de otras inspiraciones que manaban libremente del feraz espíritu del autor. Porque además de la recomposición simpático-irónica del poema popular de los juglares, Pulci soñó con algo que se podría denominar "la novela picaresca", comprendiendo bajo este nombre no sólo a los relatos así designados en la literatura española, sino también algunas narraciones de Boccaccio y en gran parte del *Baldus*, de Folengo. A su vez, la novela picaresca requería simpatía e ironía distintas a las procedentes: una simpatía no ya por la ingenuidad popular sino por la destreza y astucia, y una ironía no ya de cultura superior sino de moralidad superior; y todo esto, en cierta medida y en modo evidentemente personal, existía también en Pulci; pero lo cierto es que muchas veces él hacía uso de esta disposición pasando inadvertidamente –como persona no educada para las sutilezas– de la novela picaresca al tono picaresco, de la mera representación de lo plebeyo a la plebeyez misma. Y en el Morgante existe lo otro: las quimeras y los caprichos del mismo Pulci; sus opiniones personales: morales, religiosas o filosóficas, o sea, aquellas cosas que algunas veces piensan hasta los que no tienen por costumbre pensar mucho, y en cuyo pensar ocasional y fugaz se configuran sin embargo pareceres y creencias.

En conclusión, el *Morgante* es un ovillo de hilos de variados colores y diversas hilazas, ya más gruesas, ya más finas; es un poema no acorde a una única inspiración dominante, y si se toman algunas de las tónicas ya consideradas y se las transporta al rango de dominantes, se tiene de inmediato la sensación de haber forzado la compleja naturaleza de la obra. Tampoco puede omitirse que el *Morgante* sea uno de los libros más ricos en la literatura italiana, especialmente en cuanto a originalidad se refiere, pues en él encontramos, a cada paso, figuras y pinceladas francamente deliciosas: Morgante, Margutte, Fiorinetta, Astarotte, Farfarello, el arzobispo Turpino, ciertos toques relativos al carácter de Orlando y más particularmente de Rinaldo y de la misma Antea, ciertas descripciones, ciertos detalles y agudezas... Margutte, cargado de vicios, osado, como quien ya sabe que no puede ser de otra manera que la que le impone su propia naturaleza, y sin embargo tan humano e incapaz de llegar a la traición, tan apto para cobrarle afecto a Morgante, al extremo de soportarle su prepotencia y su voracidad, y esto en tal manera que cuando éste muere, aquél, su compañero, queda como en el vacío, no cesa de recordarle y habla de él hasta con Orlando: "Y contando todas sus bondades, lloraba hasta con ternura." Rinaldo, furioso y ávido de venganza, persigue a muerte a Carlomagno, que se le oculta, hasta que después de algunos días Orlando le hace creer que el Emperador ha muerto desesperado y le dice que se le ha aparecido en visiones; Rinaldo cambia entonces de rostro, comienza a desearlo vivo, se siente invadido de piedad y arrepentimiento por su pasado furor; de esta suerte, aminora la ira y tiene lugar la reconciliación. Después de una gran batalla, al retirarse, los vencedores van haciendo el reconocimiento de los muertos y unos lloran al padre, otros al hermano y no falta quien llore al amigo. ¡Cómo se hace simple y tierno el poeta!

*Eravi alcun che cavana l'elmetto*
*al suo figliuolo, al suo cognato, o padre;*
*poi lo baciava con pietoso affetto,*
*e dicea: "Lasso, fra le nostre squadre*
*non tornerai in Soria più, poveretto;*
*che dirén noi alla tua afflitta madre,*
*o chi sarà più quel che la conforti?*
*Tu ti riman cogli altri al campo morti!"*[1]

1. Había allí quien cavaba la fosa para su hijo, su cuñado o su padre; luego le besaba con piadoso afecto al tiempo que exclamaba: "¡Ahí quedas, pobrecito! ¡Ya no regresarás a Soria con los nuestros! ¿Qué diremos a tu afligida madre? ¿En qué podrá encontrar consuelo? ¡Tú al menos quedas con los otros en el campo de los muertos!"

He aquí un apólogo que le sirve a Orlando para hacerle comprender a Rinaldo que también él ha advertido su nuevo enamoramiento, y decirle, al mismo tiempo, que es vano todo intento de seguir simulando con palabras:

*Rispose Orlando: - Noi sarem que' fratí,*
*che, mangiando il migliaccio, l'un si cosse;*
*l'altro gli vide gli occhi imbambolati,*
*e domandò que che la cagion fosse.*
*Colui rispose: "Non sian due restati*
*a mensa, e gli altri sono or per le fosse,*
*ché trentatré gia fumino e tu lo sai:*
*quand'io vi penso, io piango sempre mai."*
*Quell'altro, che vedea che lo 'ngannava,*
*finse di pianger, mostrando dolore;*
*e disse a quel che di ciò domandava:*
*"E anco io piango, anzi mi scoppia il core,*
*che noi sián due restati"; e sospirava,*
*"ed è già l'uno all'altro traditore".*
*Cosí mi par che faccián noi, Rinaldo:*
*che nol di' tu che'l migliaccio era caldo?* [2]

2. Responde Orlando: - Seremos como aquellos hermanos que, a la hora de comer una morcilla, uno se quejó mientras las lágrimas asomaban a sus ojos, y el otro no pudo menos que averiguar la causa de su aflicción; a lo que respondió el primero: "tú sabes bien que de treinta y tres que fuimos sólo quedamos dos, pues los otros

¡Cuánta argucia generosa! ¡Cuánta sonrisa burlona y al mismo tiempo humana! Y finalmente aquella octava en la que Pulci, psicológicamente, con el aire de quien ha meditado mucho sobre los afectos y las ilusiones de los hombres, y puede dar razón de ellas, aclara cómo ocurrió que el rey Carlos se dejara guiar y engañar por un Gano:

*Molte volte, anzi spesso, c'interviene*
*che tu t'arrechi un amico e fratello,*
*e ciò che fa ti par che facci bene,*
*dipinto e colorito col pennello.*
*Cuesto primo legame tanto tiene,*
*che, s'altra volta ti dispiace quello,*
*e qualche cosa ti farà molesta,*
*sempre la prima impression pur resta.*[3]

comparten ahora la lobreguez del foso, y cada vez que lo recuerdo no puedo reprimir el llanto". El otro sospechó y fingió llorar transido de dolor; y respondió al hermano que a su vez por la causa de su llanto preguntó: "lloro por lo mismo y se me parte el corazón", pero agregaba suspirando, "pensar que hemos quedado sólo dos y ya somos el uno del otro traidor". Así paréceme que obramos, Rinaldo: ¿qué, me dirás acaso que la morcilla nada importaba?

3 Muchas veces y tal vez con frecuencia harás de tu amigo algo así como un hermano y lo que él haga te parecerá tan bien que ni pintado. Mas este primer lazo tanto ata que aunque lo mismo que hizo antes más tarde te disguste y todo lo que haga te moleste, la primera impresión ha de ser sin embargo la más fuerte.

"No son las octavas de Ariosto", se ha dicho, y es cierto. Pero así como las octavas de Ariosto, a su vez, no son las de Pulci, y así como Ariosto, por mucha preocupación que hubiese dispensado, no habría llegado nunca ni a las fantasías, ni a las emociones, ni a las argucias y a los acentos del *Morgante*, tan inimitables como inimitable es la gracia del *Orlando furioso*, así también es a todas luces injusto y hasta odioso que frente a los tesoros de frescura y originalidad poética que Pulci prodiga sin reparos en el regazo de sus lectores, éstos le den vuelta la cara y contesten de mal talante, diciendo que tal poesía responde al modelo hacia el cual él había dirigido su mente y que, por lo tanto, su poesía debiera ser aligerada y perfeccionada precisamente en función de dicho modelo.

Lo mismo, poco más o menos, se ha repetido a propósito del autor del *Orlando innamorato*, que también fue torturado, condenado y ajusticiado a raíz de las confrontaciones hechas respecto del autor del *Orlando furioso*; confrontaciones que a veces se llevaron a cabo con tan cruel refinamiento que se llegó al extremo de poner a dos columnas, unas frente a otras, las estrofas de uno y otro poema, especialmente las estrofas referidas a situaciones similares, con el propósito de discriminar desde las palabras hasta las sílabas, como si las estrofas de un poeta no debieran considerarse únicamente en sí mismas y en el poema del cual forman parte, sin olvidar también que la censura sólo es válida dentro de los límites establecidos por las condiciones reales del juicio.

Boiardo, a quien lo lea sin preocupaciones de ninguna clase y pueda abandonarse a la simple impresión de la lectura, se muestra de inmediato totalmente distinto del pedante cantor de la caballería (como pretenden algunos críticos), que parece grave y que de cuando en cuando sorprende con insólitas risotadas (cosa que se esperaba fuese suavizada por Ariosto, ya que éste tendía a suavizar la dureza de aquellos motivos), así como distinto también del cantor épico que otros han imaginado en él. No podía ser épico porque carecía de sentimiento nacional y hasta de sentimientos de clase, o de religión, y lo realmente digno de admiración en él es la fábula, las maravillas de sus hadas, etcétera. No podía ser pedante tampoco, porque no se advierte en él otro propósito literario que el que surge claramente de su propia y espontánea inclinación. Boiardo era, en cambio, un alma que tenía pasión por lo fuerte y primitivo; por la fuerza de los golpes de lanza, de espada, pero también por la fuerza de la voluntad soberbia, del coraje feroz, de la honra intransigente, de la astucia, y gracias a esta fuerza, que él revela y que vale por sí misma, le fue dado unir poéticamente los ciclos de Carlos y de Artú, las tradiciones carolingias y bretonas, las armas, las aventuras y los amores; todos ellos ciclos primitivos, excepto el último, donde la fuerza se pone de manifiesto por lo extraordinario de las aventuras y por la violencia de los amores. Si aquel heroísmo hubiera sido en cambio pleno y sustancial, mal se podría conformar con un erotismo, que es sentimiento muy distinto y hasta opuesto. Exigirle finura de rasgos en la presentación de sus caballeros, o delicadeza de pensamiento y lenguaje en la presentación de sus damas y de aquellos amores, y exigirle al mismo tiempo la común morbidez de sus afectos, es como exigirle precisamente lo que él mismo ha querido excluir de su motivo fundamental. Asombrarse de que algunas veces ría o sonría es asombrarse de lo que él diariamente veía hacer al pueblo (y de esto hay huellas en la épica ingenua) y de lo que se ve en todo relato de las grandes gestas, donde no se puede evitar la observación cómica incidental.

Lamentarse de sus pretendidos descuidos en materia de arte, así como de la escasa pulidez de su lenguaje y de su versificación, es ejercer una censura propia de gramáticos, que emplean moldes preestablecidos y que buscan las minucias para darles una importancia que es, a todas luces, excesiva. Por otra parte, cuando a esta censura se le oponen, o se insinúan entre ellas, elogios por la riqueza de su imaginación, por lo robusto y franco de su estilo y de su verso, se cae en el olvido de explicar el origen de tales méritos, los que no se aceptan ciertamente como préstamo, sino que nacen directamente del alma. ¿De dónde, pues, el verdadero soplo poético que lo animaba, la pasión por la fuerza y lo primitivo? ¿De dónde, entonces, la admiración que suscitan sus grandes cuadros y sus vivos relatos?: – Angélica, que a todos enamora con sólo aparecer en la fiesta de Carmen, y a quien el mismo Emperador no puede abstenerse de mirar, pero de soslayo para no comprometer su propia gravedad; y a quien persiguen los más excelsos campeones de la cristiandad y del paganismo no obstante ser ruda con todos, pues está enamorada del único que la aborrece; – el solemne consejo de guerra, citado por Agramante antes de pasar a Francia; y las oraciones, ya animosas, ya prudentes, de aquellos reyes que lo rodeaban, entre quienes se destaca, por su ímpetu feroz, el joven Rodomonte; – la alegre osadía de Astolfo, ni siquiera desconcertado por las caídas que acaba de sufrir, y a quien socorre la Fortuna dándole, sin que él lo advierta, un asta que le permite realizar prodigios ante el asombro de todos, siendo él, el único no asombrado; – Brunello, a cuya gesta pueden adaptarse las palabras viquianas de los "ladronzuelos heroicos", y que corre a través de los campos hurtando con destreza, valor y cómica fantasía, los objetos mejor guardados, y que, sembrando grandes rumores a raíz de su virtuosismo, cruzó en vano toda la Tierra, perseguido a muerte por la feroz Marfisa, la de los ojos viperinos, de hiriente y penetrante veneno, a quien él, en su fuga veloz, se dirige de cuando en cuando para enrostrarle su risa y hacerla sufrir con su befa; – y más todavía, los coloquios de Orlando y Agricane, mientras reposaban del sañudo duelo que debía llevar a la muerte a uno de los dos; la cáustica respuesta de Rinaldo a Orlando a raíz del reproche de haberse llevado consigo la silla de oro del jardín de las hadas; la otra, no menos cáustica, del valiente salteador dirigida a Brandimarte; y tantos, tantos otros pasajes bellísimos.

Sin embargo, el *Orlando innamorato*, no obstante sus riquezas poéticas, nunca figuró entre las obras verdaderamente clásicas, y después de la boga que tuvo en su época y por razones evidentemente transitorias, no ha recibido, ni recibe, más afecto y homenaje que el de los que aman las cosas poco amadas y las cosas dejadas por error en el olvido, o sea, de los que tienen predilección por lo sencillo y espontáneo pero lleno de vigor. Aquel poema no termina en sí mismo, no satisface por sí, hay algo que rompe el ciclo de su desarrollo: la representación de lo fuerte y primitivo, que es una suerte de épica formal, tiene sin embargo algo de monótono, de árido, y el placer que de ella destila tiene algo de solitario y estéril. Como el caballo al presentir la batalla, así, dice Boiardo:

*Ad ogni atto degno e signorile,*
*qual se raconti di cavalleria,*
*sempre se allegra l'animo gentile,*
*come nel fatto fusse tuttavia,*

*manifestando fuore il cor virile...*[4]

Y está bien; pero el corazón viril no tarda en poner de manifiesto también una cierta ilusión engañosa al entrever que aquellas imágenes son todo cuerpo, sin un alma profunda y sin un espíritu superior que las mueva y guíe. En otras partes dice:

> *Già molto tempo m'han tenuto a bada*
> *Morgana, Alcina e le incantazioni,*
> *né ve ho mostrato un bel colpo di spada,*
> *e pieno il cel de lancie e de tronconi...* [5]

Pero son muchas las lanzas que se baten y entrecruzan, muchos son los destrozos sin que se dé razón de aquel gran batallar, sin que se advierta su significado o justificación; y el mismo Boiardo experimenta la melancolía que dejan en el ánimo aquellos golpes que se cambian en un vacío espiritual, al punto que exclama en uno de sus frecuentes giros, tan espontáneos como simples y que tanta simpatía infunden a su noble persona:

4. Ante las acciones dignas y propias de señores, cuales se dicen de la caballería, siempre se alegra el ánimo gentil, como si el hecho revelase la virilidad misma del corazón...

5. Ya mucho tiempo me han entretenido Morgana, Alcina y los encantamientos, con ello os he mostrado alguna buena estocada y el cielo lleno de lanzas y de astas...

*Fama, seguace degli imperatori,*
*Ninfa, che e'gesti a'dolci versi canti,*
*che dopo morte ancor gli uomini onori,*
*e fai coloro eterni, che tu vanti,*
*ove sei giunta? a dir gli antiche amori,*
*et a narrar battaglie de'giganti;*
*mercé del mondo, che al tuo tempo é tale,*
*che piú di fama o di virtú non cale.*
*Lascia a Parnaso quella verde pianta,*
*che de salirvi ormai perso è il camino,*
*e meco al basso questa istoria canta*
*del re Agramante, il forte saracino...*[6]

En consecuencia, tanto Pulci como Boiardo, para no hablar de otros, no pueden ser considerados ni superiores ni inferiores a Ariosto, porque ni siquiera le son afines. En efecto, cuando se ha querido encontrar ingenios afines al autor del *Orlando furioso*, el pensamiento ha volado hacia otros artistas, hacia Ovidio por ejemplo, entre los latinos,

6. Fama, cómplice de los emperadores; Ninfa, que sus gestas en dulces versos cantas, y aun después de la muerte das honra a los hombres y haces eternos a aquellos que tú ensalzas. ¿Adónde has llegado? A narrar los antiguos amores y a relatar las batallas de gigantes. Por culpa del mundo, que es tal en tu tiempo, mayores famas o virtudes no permite que cantes. Deja al Parnaso aquella verde planta que para alcanzarla ya está cerrado el camino, y conmigo por lo bajo esta historia canta del rey Agramante, el fuerte sarraceno...

hacia Petrarca y Poliziano, entre los italianos, hacia arquitectos como Bramante y León Bautista Alberti, y más aún, hacia pintores como Rafael, Corregio y Tiziano; y se ha buscado toda suerte de comparaciones con éstos y con otros que no corresponde mencionar aquí. Ahora bien, la afinidad, refiriéndose al aspecto cualitativo de la inspiración artística, constituye indudablemente algo más intrínseco que las meras relaciones inferidas de la abstracta materia y, no obstante, dicha afinidad es todavía abstracta y extrínseca porque sólo capta un aspecto, o algunos aspectos, de la inspiración y nunca la inspiración plena. De ahí que, aun cuando se trate de acercar a Ariosto, por ejemplo hacia Ovidio –narrador de fábulas mitológicas sin espíritu religioso, al que sólo atraen el deleite y la variedad de las mismas– sea preciso hacer de inmediato el agregado de que, salvo en este aspecto, Ariosto es distinto y hasta superior al poeta latino, que era poco sutil en arte y más bien se anegaba en la materia placentera y deleitosa, y que, además, era también improvisador y exagerado por incapacidad de ajustarse a un esquema firme que le sirviera de freno, razones todas por las cuales sirvió de modelo, no a Ariosto, que en arte era castísimo, sino a los lujuriosos versificadores italianos del siglo XVII. Por otra parte, si se quieren buscar analogías entre Ariosto y Poliziano es preciso establecer cierta diferenciación, a todas luces indispensable, porque la inspiración de las *Stanze* reside en la voluptuosidad del

mundo sensible, aprehendido en el esplendor de sus formas, con la febriscencia de la ansiedad y del sufrimiento
que son inseparables de toda voluptuosidad, mientras que
en Ariosto este *pathos* singular resulta indiscutiblemente
superado. Poner de manifiesto la afinidad es útil en una
introducción al estudio general de la literatura y hasta sirve
algunas veces como expediente que, haciendo uso de semejanzas, contrastes y sucesivas aproximaciones, puede desta-
car el carácter propio de un artista, especialmente cuando
se trata de hacer una historia del sentimiento predominante en las diversas épocas o períodos literarios; pero aquí,
donde no se aspira a proporcionar una tal historia (por lo
demás ya delineada muchas veces), ni se quiere ofrecer
introducción didáctica alguna, es vana toda operación que
apele a semejante recurso, porque una vez obtenida la
caracterización de Ariosto, que era lo que nos habíamos
propuesto, la pretensión de agrupar a los artistas que de
una u otra manera le han sido afines e iluminar los diferentes aspectos de tal afinidad, es cosa que excede los límites de nuestro único propósito.

Otro valor tienen, en cambio, las referencias a la afinidad
cuando sirven de fundamento a ciertas metáforas sumamente gráficas y acertadas, como por ejemplo, cuando se
dice de un artista que es "el Rafael de la poesía", o de otro,
que es "el Dante de la escultura", o de un tercero, a quien se
le llama "el Miguel Ángel de los sonidos", o como en el caso

de Ariosto, a quien se nombra como "el Homero ferrarés" (denominación que le dio Torcuato Tasso, quizás en son de burla, aunque a la verdad no tenía motivos para tal cosa). Y son numerosas las páginas en las que el autor del Orlando furioso aparece adornado con metáforas similares, cuyo mérito literario no queremos ciertamente disminuir, pero suponemos que será fácil disculpar a quien no se haya tomado el trabajo de aumentarlas en número y que, poco dispuesto en general a la oratoria, haya dejado pasar, u omitido, aquella vena que muy bien puede hallarse en él, para ocuparse en cambio del poeta, tan falto sin embargo de oratoria y tan afecto a la conversación, que fue Ludovico Ariosto.

# NOTA BIBLIOGRÁFICA[1]

Dada la significación universal de su obra es presumible que la bibliografía ariostesca[2] tenga vastos alcances en las literaturas del viejo mundo, claro está, a partir de las postrimerías del siglo XVI en adelante, y lo más probable es que esto no ocurra solamente en las lenguas de común origen latino sino también en todas las otras que reconocen la idéntica raíz indoeuropea. Tal esfuerzo supera nuestros medios y aun nuestra versación, pero el afán de ser útiles en alguna medida al lector amante de la literatura hispanoamericana nos incita a presentar la siguiente reseña bibliográfica, referida en su mayor parte a los trabajos que ponen en relación las letras españolas con las italianas.

a) OBRAS ESPECIALES MÁS IMPORTANTES:

BAROTI, *La vita di l'Ariosto*, Venecia, 1741.
BARUFFALDI, *Vita di Ludovico Ariosto*, Ferrara, 1807.
BENI, *Comparatione di Torquato Tasso con Omero e Virgilio insime con la difesa dell' Ariosto paragonata ad Omero*, Padua, 1612.

1. Hemos obtenido muchos de estos datos en las obras de BENEDETTO CROCE: *España en la vida italiana del Renacimiento* y *Storia dell'età barocca in Italia* (Nota del editor).
2. Sabemos de dos intentos: FERRAZZI, Bibliografía ariostesca, Bassano, 1881; GUIDI, Anuali delle edizioni e delle versioni dell' Orlando furioso e di altre lavori al poema relativi, Bolonia, 1861.

BOLZA, *Manuale ariostesco*, Venecia, 1866.

CAMPARI, *Noticie per la vita di Ludovico Ariosto tratta da documenti inediti*, Modena, 1871.

CAPPELLI, *Prefazione storico-critica in torno a Ludovico Ariosto e al suo tempo*, Bolonia, 1866.

CARDUCCI, *Delle poesie latine edite ed inedite di Ludovico Ariosto*, Bolonia, 1878.

CARDUCCI, *Saggio sull'Orlando furioso*, Milán, 1880.

CARDUCCI, *Su Ludovico Ariosto e Torquato Tasso*, Milán, 1905.

CINTIO, *I romanzi*, Venecia, 1554.

COEN, *Rimario dell'Orlando furioso*, Florencia, 1882.

FORNARI, *Vita di Ludovico Ariosto*, Venecia, 1556.

GARÓFALO, *Vita de Ludovico Ariosto*, Venecia, 1584.

PANIZZI, *The life of Ariosto*, Londres, 1834.

PIGNA, *Romanzi al signore Donno Luigi da Este, vescovo di Ferrara, diviso in tre parti nei quali della poesía et della vita dell Ariosto con nuovo modo si parla*, Venecia, 1554.

RAJNA, *Geneologia dell Orlando furioso (Ricerche e Studi)*, Florencia, 1876.

RAJNA, *Le fonti dell Orlando furioso (Ricerche e Studi)*, Florencia, 1900.

RENIER, *Cervantes e l'Ariosto* (en *Revista Europea*), Florencia, 1878.

SANSOVINO, *La vita di Ludovico Ariosto, tratta delle sue opere medesime*, Venecia, 1565.

TERRACINA, *Discorsi sopra le prime stanze del Furioso*, 1549.

TOSCANELLA, *Bellezze del Furioso di M. Ludovico Ariosto*, Venecia, 1574.

b) OBRAS GENERALES:

ESTELRICH, *Influencia de la lengua y literatura italiana en la lengua y literatura castellana*, 1913.

CROCE, *Saggi sulla letteratura italiana del Seicento*, Bari.

CROCE, *Storia della età Barocca in Italia*, Bari, 1929.

CROCE, *España en la vida italiana del Renacimiento*, Buenos Aires, 1945.

FIORETTI, *Proginnasmi poetici*, I, 22; n, 48 y passim.

GARRONE, *Per la relazioni letterarie fra Italia e Spagna* (en *Fanfulla della Domenica*), marzo 1914.

NEGRI, *Relazioni italo-spagnole nel secolo XVII* (en *Arch, stor. ital.*), 1913.

c) Traducciones españolas del *Orlando Furioso*:

[En verso]

Jerónimo Jiménez de Urrea (Lyon, 1550), en octavas reales y reimpresa durante el siglo XVI (Lyon, 1556; Medina del Campo, 1572; Bilbao, 1583; Toledo, 1583, 1586, 1588; Salamanca, 1587).

Hernando de Alcocer, (Toledo, 1550, 1556).

Nicolás de Armengol (siglo XVIII).

Augusto de Burgos (Barcelona, 1846), traducida en silvas. Reimpresa varias veces: París, 1846; Lyon, 1846; París, 1849; Barcelona, 1878.

Juan González de la Pezuela y Ceballos (Conde de Cheste), (Madrid, 1883). Según opinión de los señores Hurtado de la Serna y González Palencia es versión "poco inspirada, pero que se acerca al original empleando la forma métrica y a veces hasta las mismas palabras".

[En prosa]

Nicolás Espinosa (Zaragoza, 1555), "poco fiel y en poco cuidada prosa".

Diego Vázquez Contreras (Madrid, 1585), al decir de Peña "en pedestrísima prosa".

Manuel Aranda y San Juan (Barcelona, 1872), reimpresa con notas en 1876 y en 1916, edición de Barcelona al cuidado de E. Domenech.

Francisco José Orellana (Barcelona, 1872), reimpresa en 1882.

Guy de Maupassant:
*Zola, el revolucionario*

Émile Zola:
*Balzac*

Aldous Huxley:
*La vulgaridad en literatura*

Ramón Gómez de la Serna:
*Baudelaire, el desgarrado*

Vladimir Maiakovski:
*El baño, drama en seis actos*

Ramón Gómez de la Serna:
*Oscar Wilde, un retrato*

Yevgueni Zamiatin:
*La pulga, juego cómico en cuatro actos*

W. B. Yeats:
*La condesa Catalina*

G. K. Chesterton:
*Magia, una comedia fantástica*

Vladimir Maiakovski:
*La chinche, una comedia de magia*

Jules Verne:
*Edgar Allan Poe y sus obras*

Sainte-Beuve:
*Molière*

Théophile Gautier:
*Balzac*